全国中考语文现代文阅读

"热点作家"
经典作品精选集

试卷上的
作家

张国龙 / 主编

鲜花课

乔 叶 / 著

延伸阅读　备战中考

适合考生进行语文阅读的散文集

走进语文之美，领略阅读精髓

初中版

丰富的阅读素材

从童年往事到世间百态

从青葱校园到异域风光

开阔视野，看见世界，提升写作能力和人文素养

中国出版集团有限公司

世界图书出版公司

上海　西安　北京　广州

图书在版编目（CIP）数据

鲜花课 / 乔叶著. — 上海 : 上海世界图书出版公司, 2024.3
（试卷上的作家 / 张国龙主编）
ISBN 978-7-5232-0995-0

Ⅰ. ①鲜… Ⅱ. ①乔… Ⅲ. ①阅读课—中学—教学参考资料 Ⅳ. ①G634.333

中国国家版本馆CIP数据核字（2024）第003104号

书　　名	鲜花课	
	Xianhua Ke	
著　　者	乔　叶	
责任编辑	魏丽沪	
出版发行	上海世界图书出版公司	
地　　址	上海市广中路 88 号 9-10 楼	
邮　　编	200083	
网　　址	http://www.wpcsh.com	
经　　销	新华书店	
印　　刷	三河市兴博印务有限公司	
开　　本	700mm×1000mm　1/16	
印　　张	14	
字　　数	152 千字	
版　　次	2024 年 3 月第 1 版　　2024 年 3 月第 1 次印刷	
书　　号	ISBN 978-7-5232-0995-0/G·830	
定　　价	39.80 元	

总　序

情感和思想的写真

张国龙

和小说、诗歌等相比，散文与大众更为亲近。大多数人一生中或多或少会运用到散文，诸如，写作文、写信、写留言条等。和小说相比，散文大多篇幅不长，不需占用太多的读写时间；和诗歌相比，散文更为通俗易懂。一句话，散文具有草根性和平民性气质。

在中小学语文课本中，散文篇目体量最大。换句话说，散文是中小学语文教学不可或缺的资源。中学生所学的语文课文大多是散文；小学生初学写作文，散文便是最早的试验田。从某种意义上说，中小学作文教学就是散文教学，主要涉及记叙性散文、抒情性散文和议论性散文等。在中考、高考等各类考试中，作文的写作离不开这三类散文，甚至明确规定不可以写成诗歌。可见，散文这一文体在阅读和写作中占据了举足轻重的地位。

然而，散文作为一种"回忆性"文体，作者需要丰富的生活经历和厚重的人生体验。散文佳作，自然离不开情感的真挚性和思想的震撼性。因此，书写少年儿童生活和展现少年儿童心灵世界的散文，无外乎两类：一是成年作家回望童年和少年时光；二是少年儿童书写成长中的自己。这两类散文可统称为"少年儿童本位散文"。显而易见，前者数量更大，作品质量更高。事实上，还有相当一部分散文作品，虽然并非以少年儿童为本位，却能被少年儿童理解、接受，能够滋养少年儿童的心灵。

这套丛书遴选了众多散文名家，每人一部作品集。这些作家作品可以分作两类。一类是主要从事儿童文学创作的作家，基于少年儿童本位创作的散文。比如吴然的《白水台看云》、安武林的《安徒生的孤独》、林彦的《星星还在北方》、张国龙的《一里路需要走多久》。另一类是主要创作成人文学的作家，虽不是专为少年儿童创作，却能被少年儿童接受的散文。比如，刘心武的《起点之美》、韩小蕙的《目标始终如一》、刘庆邦的《端灯》、曹旭的《有温度的生活》、王兆胜的《阳光心房》、杨海蒂的《杂花生树》、乔叶的《鲜花课》、林夕的《从身边最近的地方寻找快乐》、辛茜的《鸟儿细语》、张丽钧的《心壤之上，万亩花开》、安宁的《一只蚂蚁爬过春天》、朱鸿的《高考作文的命题与散文写作》、梅洁的《楼兰的忧郁》、裘山山的《相亲相爱的水》、叶倾城的《用三十年等我自己长大》、简默的《指尖花田》、尹传红的《由雪引发的科学实验》。一方面，这些作家的作品皆适合少年儿童阅读；另一方面，这些作家的某些篇章曾出现在中小学生的语文试卷上。因此，可以称呼他们为"试卷上的作家"。

通观上述作家的散文集，无论是否以少年儿童为本位，都着力观照内心世界，抒发主体情思，崇尚真实、自由、率性的表达。

这些散文集涉及的题材多种多样，大致可分为如下三类。

其一，日常生活类。"叙事型"和"写景状物型"散文即是。铺写"我"童年、少年生活中真实的人、事、情、景。以记叙为主，抒情与议论点染其间。比如，刘庆邦的《十五岁的少年向往百草园》

以温润的笔触，描摹了"我"在15岁那年拜谒鲁迅故居的点点滴滴，展现了一个乡村少年对大文豪鲁迅先生的渴慕与敬仰。安武林的《黑豆里的母亲》用简约的文字，勾勒出母亲一生的困苦、卑微和坚忍，字里行间点染着悲悯与痛惜。

其二，情感类。通常所说的"抒情型"散文属此范畴，即由现实生活中的人、事、情、景引发的喜、怒、哀、乐等。以渲染"我"的主体情思为重心，人、事、情、景等是点燃内心真情实感的导火索。比如，梅洁的《童年旧事》饱蘸深情，铺叙了童年的"我"和同班同学阿三彼此的关心。一别数十载，重逢时已物人两非。曾经有着明亮单眼皮眼睛的阿三，已被岁月淘洗成"一个沉静而冷凝的男子汉"。"我"不由得轻喟，"成年的阿三不属于我的感情"。辛茜的《花生米》娓娓叙说了父亲为了让"我"能吃到珍贵的花生米，带"我"去朋友家做客，并让"我"独自留宿。一夜小别，父女似久别重逢。得知那家的阿姨并没有给"我"炸花生米吃，父亲欲说还休。而多年之后的"我"，回忆起这件事仍旧如鲠在喉。

其三，性情类。"独白型"散文即是。心灵世界辽阔无边，充满了芜杂的景观。事实上，我们往往只能抵达心灵九重天的一隅。在心灵的迷宫中，有多少隐秘、幽微的意识浪花被我们忽略？外部世界再大也总会有边际，心灵世界之大却无法准确找到疆界，如同深邃莫测的时光隧道。每天一睁眼，意识就开始流动、发散，我们是否能够把内心的律动细致入微地记录下来？这必定是高难度写作。如果我们追问个体生命的具体存在状态，每一天的意识流动无疑就是我们存在的最好确证。比如，曹旭的《梦雨》惜字如金，将人的形象和物的意象有机相融，把女性和江南相连缀，物我同一。

尤其是把雨比喻成女孩，"第一次见面，你甚至不必下，我的池塘里已布满你透明的韵律"，空灵、曼妙，蕴藉了唐诗宋词的意味。乔叶的《我是一片瓦》由乡村习见的"瓦"浮想联翩，岁月倥偬，"瓦"已凝结成意象，沉入"我"的血脉，伴随我到天南海北。"瓦"是"我"写作的情结，更是另一个"我"。杨海蒂的《我去地坛，只为能与他相遇》，"我"因为喜欢史铁生的《我与地坛》而一次次去地坛，真真切切地感受史铁生的轮椅和笔触曾触摸过的一草一木。字里行间，漫溢出一个人对另一个人的体恤与爱怜、一个作家对另一个作家的仰望与珍视。或者说，一个作家文字里流淌的真性情，激活了另一个作家的率性和坦荡。

不管是铺写日常生活、表达真挚情感，还是展现率真性情，上述作品大体具有如下审美特征。

其一，真实性。从艺术表现的特质看，散文是最具"个人性"的文体，一切从自我出发。或者说，散文就是写作者的"自叙传"和"内心独白"。这就决定了散文的内容，其人、事、情、景等皆具有真实性，甚至可以一一还原。当然，真实性在散文中呈现的状态是开放、多元的，与虚假、虚构相对抗，尤其体现在表象的真实和心理的真实。不管是客观、物化的真实，还是主观、抽象的心理真实，只要是因"我"的情感涌动而吟唱出的"心底的歌"，就无碍于散文的"真"。散文的真实，大多体现为客观的真实，即"我"亲历（耳闻目睹），"我"所叙述的"场景"实实在在发生过，甚至可以找到见证人。对事件的讲述甚至具有纪实性，与事件相关的人甚至可以与"我"生活中的某人对号入座。叙写的逻辑顺序为："我"看见＋"我"听见＋"我"想到，即"我"的所见、所闻和

所感，且多采取"叙述＋抒情＋议论"的表现方式。比如，林彦的
《夜别枫桥》，少年的"我"先是遭遇父母离异，而后因病休学，
独自客居苏州。那座始终沉默无语的枫桥，见证了"我"在苏州的
数百个日日夜夜。那些萍水相逢的过客，却给予了"我"终生铭记的
真情。

　　其二，美文性。少年儿童散文通常用美的文字，再现美的生活，
营造美的意境，表现美好的人情、人性和人格，是真正的"美文"。
比如，吴然的《樱花信》，语言叮当如环佩，景物描写美轮美奂，
读来令人神清气爽，齿唇留香。"阳光是那样柔和亮丽，薄薄的，
嫩嫩的，从花枝花簇间摇落下来，一晃一晃地偷看我给你写信……
饱满的花瓣，那么嫩那么丰润，似乎那绯红的汁液就要滴下来了，
滴在我的信笺上了。你尽可以想象此刻圆通山的美丽。空气是清澈
的，在一缕淡淡的通明的浅红中，弥漫着花的芬芳……昆明人都来
看樱花，都来拜访樱花了！谁要是错过了这个芬芳绚丽的节日，谁
都会遗憾，都会觉得生活中缺少了一种情调，一种明亮与温馨……"
安宁的《流浪的野草》，文字素面朝天、洗尽铅华，彰显了空灵、
曼妙、清丽的情思。"燕麦在高高的坡上，像一株柔弱的树苗，站
在风里，注视着我们的村庄。有时，她也会背转过身去，朝着远方
眺望。我猜那里是她即将前往的地方。远方有什么呢，除了大片大
片的田地，或者蜿蜒曲折的河流，我完全想象不出。"

　　其三，趣味性。少年儿童生活色彩斑斓，充满了童真、童趣。
少年儿童散文不论是写人、记事，还是抒情、言志，皆注重生动活
泼、趣味盎然。与此同时，人生中的诸多真谛自然而然地流淌于字
里行间，从而使文章具有超越生活的理趣，既提升了文章的境界，

又能陶冶阅读者的性情。比如，王兆胜的《名人的胡须》，用瀑布、白云、大扫帚、括弧、燕子等各种事物类比各个名人各具特色的胡须。稀松平常的胡须看似可有可无，却有着不同寻常的意义。古今中外名人与胡须的轶事，读来令人莞尔，幽默、风趣的笔调里蕴含着举重若轻的哲理。张丽钧的《兰花开了18朵》，"我"时常和蝴蝶兰说话，如母亲的斥责，似闺蜜的呢喃，像恋人的娇嗔，满满的人间情怀里渗透着天然的机趣。"我家这株蝴蝶兰，真真是个慢性子——一簇花，耗费了整整66天的时间，才算是开妥了。从2月24日到5月1日，总共开了18朵花，平均3.67天开一朵。我跟她说：'亲呀亲，你可是我拉扯大的呀，咋这脾性半点儿都不随我呢？这么慢条斯理地开，你是打算把全部春光都占尽了吗？'"

　　散文创作通常与作者的亲身经历密切相关，尤其注重展现真性情。因此，散文抒写的往往是个人的心灵史和情感史。这些散文作品不单是中学生写作的范本，还是教导中学生为人处世的良师益友！

2022年10月18日

于北京师范大学

序　言

乔　叶

我曾受邀谈过写作和高校文学教育的关系问题。我说，一个人能否成为作家，其实是相当个体的选择，往往有着很多偶然因素：是才华、天赋、机遇等内力外力的种种结合。高校的文学教育，就程序而言，就像是一条流水线。所以这二者真的很难画上等号。但有意思的是，彼此之间其实也有着相当紧密的联系。一个作家的写作，固然和天赋、才华等偶然因素有关，但他的作家身份能走到什么层级，他的作品能抵达什么质量，他的创作生命力能够有多持久，则和他的学习大有因果。但凡是有长远发展的志向的作家，必然会去学习。学习的方式有时是显性的，如在合适时机再度进入高校，但在大多数时是隐性的，即孤独的自我学习。因此，只要听到一些大作家说自己"只是小学或中学文凭，学历什么的不重要"，我都在心里窃笑。我不信的。学历也许不重要，因为学历只是一个表面的结果展示，但是学习重要。无论是从书本渠道还是从社会渠道，他们一定进行了充分的隐性的学习，也一定有着极强的学习能力，几无例外。

迄今为止，我写作已经将近三十年。于我而言，这就是一条学习之路。无他。

写作对你的意义是什么？经常会被人这么问。我常不知如何作答。这个问题对我来说，太过珍重，太过严肃，以至于我只能沉默。我怕自己脱口而出的回答会显得轻率和轻浮。而诡异的是，有时候非常认真的回答发表出来之后却又显得夸张和矫情。有例为证——我曾经如此回答某个媒体："如果不表达，这个世界怎么能够知道我对它的爱？我怎么能够梳理对这个世界的爱？我怕自己会被这爱湮没。我怕自己会在这爱中崩溃。就像一片潮汐膨胀的海，台风掠过，海浪冲天。等到海面平静下来，沙滩上总会留下闪闪发光的珠贝和玲珑可爱的小蟹。我对这个世界的爱，是海。而我留下的文字，是珠贝和小蟹。"

这么多年来，我的珠贝和小蟹主要分为两种文体，一是散文，二是小说。收在这本书中的都是散文。我先写了十来年散文后才开始写小说，于是也经常被问：自散文而小说，对你来说这两种文体的创作感受有什么不同？想来想去，有一个比方相对形象一些：小说是旗袍，散文是睡衣。旗袍选料讲究，制作精良，如果技艺不过关，穿上不仅不漂亮，还会使你瑕疵全现，出乖露丑。而睡衣呢，因它是睡时贴身的衣服，所以最重要的一个特点便是舒服。因此款式一定要宽大，便于最广范围的肢体运动，用料不是纯棉便是真丝，而且穿得时间越久越觉得舒服，旧的、褪色的、磨了边儿的、开了线的……都可以加浓对它的依恋。

后来我发现这比方很容易引起误会，似乎可以理解为小说要严谨，散文要自由——不，这不是我想说的，它们可能恰恰相反：小说因虚构和想象的因子流溢，所以有一双强劲的隐形的自由翅膀，而散文因以写实为依托，所以于外在的自由中又有着一些难以言尽的拘束……这话似乎又有些不对，抛却文体的形式不谈，从本质上讲，它们应该都是贴着心的，都是自由的。它们的区别只在于旗袍和睡衣的表象，殊途同归的是表象下的那颗心。

这是一颗什么样的心？著名评论家李敬泽先生曾为这颗心精准画像：“一直有两个乔叶在争辩：那个乖巧的、知道我们是多么需要安慰的小说家，和那个凶悍的、立志发现人性和生活之本相的小说家……我们必须警惕，一个真正具有生活热情的小说家，她也会烫伤我们，正是由于她的这种兴致勃勃，她不可能是单纯的，她必有一种直觉的复杂。她会好奇地揭开我们经验的浑浊，让我们看到生活是多么难以规划和界定，人在可能性的原野上走出了多么艰危崎岖的路。”

他说的是作为小说家的我。其实写散文的我，也是这样。

目录 CATALOGUE

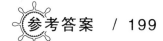

试卷作家
真题回顾

秋　香

①汉语里有些词，越看越美，美不胜收。比如，秋香。

②四季里能配香的，还有春。春香也不错，可是跟秋香一比，就有一些些逊色了。春天的香是刚刚苏醒的香、刚刚生长的香，是襁褓的香和童年的看，什么都不曾经历，还太娇嫩。

③秋香，则不同了。秋香，在哪里呢？

④路边的水果摊子上，葡萄、香蕉、苹果、桃子、石榴、梨……是的，明知道有些水果不是秋天才有的，是夏天就有了的，可是显然，它们跟这秋天更相知、更默契。要不，形容秋天的时候，人们怎么会喜欢用硕果累累这个词呢？这些水果都是甜的，可这个甜跟那个甜又不一样，有的甜得深些，有的甜得浅些，有的甜得浓些，有的甜得淡些，有的甜得烈些，有的甜得柔些，都好。

⑤还有各种菜蔬。西红柿格外红，南瓜格外大，丝瓜格外长，花生刚下来，壳上还带着一点点浮土。磕开一个，花生衣还是粉粉的。芹菜、菠菜、空心菜、茼蒿、小白菜、生菜，层层叠叠的绿，都挤在这秋天里。它们似乎都知道，应该趁着这个时节拼命地长，不然到了冬天，就只能闷在大棚里去长了。人们吃这些大棚菜的时候，只觉得吃的不是那个味儿，哪里会想得到，它们在大棚里长的时候，也不是那个味儿呢。

⑥有香意的还有人们的闲话："哎呀，买这么多菜，你家冰箱修好啦？"

⑦"修好啦。花了两百多。"

⑧"还不如买个新的得了，把日子过得怎仔细。"

⑨"好饭可不得是小口吃，好日子可不得是仔细过。"

⑩这些琐碎的家常，和秋天也最配。

⑪悬铃木的叶子还没有变黄，泡桐的叶子刚刚开始落下，金桂、银桂已经繁星似的闪烁了一树，<u>有慢性子的槐花还在不慌不忙地开</u>。今天的阳光是这样的好，也许明天就不那么好了，那不管，明天来了再说明天。现在正是秋天最饱满的时刻。也许是过于热情的缘故，夏天的饱满多多少少会让人倦怠和怠懒。而秋天的饱满，因为温度的降低反而更为坚实。

⑫一直喜欢的那种颜色，就叫秋香色，简称香色。这里的香，说的本也是树。檀香、沉香，都是这些个带香气的硬木。这颜色，是黄和绿调得最平衡的时候。偏绿一些，就叫秋香绿；偏黄一些，就叫秋香黄。当然，叫香绿、香黄也很好，可是加上了秋，就更好，让这香更丰饶、更璀璨、更深沉。

⑬秋香，到底是怎样的香呢？

⑭也许是经过烈日和暴雨才提炼出来的香吧。

⑮也许是从容等待着寒霜和大雪将至的香吧。

【2020—2021 学年吉林省通化市集安市七年级（上）期末语文试卷】

▶ **试 题**

1. 给下列加点注音。（2分）

逊色_____ 褪袄_____

默契_____ 璀璨_____

2. 解释加点词语在句中的意思并用这个词语造句。（3分）

春天的香是刚刚苏醒的香、刚刚生长的香，是褪袄的香和童年的香，什么都不曾经历，还太娇嫩。

_____

_____

3. 秋香在哪里？请品读全文加以概括。（2分）

_____

_____

4. 请从修辞的角度，赏析"有慢性子的槐花还在不慌不忙地开"一句的表达效果。（4分）

_____

_____

_____

5. 本文的题目为"秋香"，为什么在开篇要写春香？（4分）

_____

_____

_____

鲜花课

①那天出差，在高铁站候车，闲着无事便看着来往的陌生人解闷。忽然，视线里出现一个中年男人，他站在安检区外，正被一群人热热闹闹地包围着送行。告别即将结束时，戏剧性的一幕出现了——一个小美女慌慌张张地跑过去，往他怀里塞了一大捧鲜花。是一束淡黄色的玫瑰，我目测了一下，足有四五十枝，每枝都用淡绿色的彩纸包着，极为悦目。

②于是，这个男人一手抱着玫瑰，一手拉着箱子，身上还背着一只包。他忙不迭地冲送行的人们挥手告别，进了安检区，看着他在安检机的传送带旁手忙脚乱地挪动箱包和鲜花，我不由得笑起来。

③鲜花，我也收到过这样的礼物。说实话，这样的礼物是一种漂亮的麻烦。第一次被送鲜花时，我也是两手满满的行李，却还是倍加珍惜地把花抱回了郑州。安检，上车放到行李架上，下车再从行李架上取下来……到家后，鲜花已不复娇艳，我恋恋不舍地端详再三，还是将其扔进了垃圾桶。

④我于是得出结论：鲜花这种东西，收到的时候心情是喜悦的，照相的时候抱着是娇美的，在房间里插着的时候是芬芳的，但在旅程中是令人狼狈的。因此，当这个带着一股淡淡鲜花芬芳的男人从我身边走过时，我怀着近乎看笑话的心情，观察他会如何处置怀里

的鲜花。

⑤只见他走到候车席的一端，站在那里，一脸的严肃。他踌躇了片刻，然后解开花束的包装纸。接下来，他开始将花分送给候车的人们。每人一枝，人人有份。

⑥有老人谦让，说给年轻人吧；也有人谢绝，说手上的行李太多。他也不勉强。事实上，这件事虽然很温馨，但他看起来依然很严肃，一点儿都不热情，还有一些腼腆。不得不承认，这种腼腆在他脸上，显得很可爱。

⑦人群中微微有了波澜，候车席里有越来越多的人看到他，注意到他。

⑧快到我这里了，眼看他离我越来越近，我居然有些紧张，如同小孩子在等待将要分得的糖果。

⑨<u>在我的意识深处，鲜花一直是虚妄的，甚至是所有礼物中最为虚妄的：开得再悦目，也会很快枯萎，然后被扔掉，结局颓然。</u>如同太多稍纵即逝的美好事物，甚至如同人生，而眼前的这个男人，他想到这些了吗？他一定想到了，而且一定比我想得更深。可是，你看他，他还是把手中的花朵，一枝一枝地送了出去，分享给这些陌生人。在明了虚妄之后，他还有分享的诚意和赠送的热情。而这些鲜花，也托了他的福，在成为垃圾之前，幸福地作为鲜花绽放到最后一刻。

（选自《读者》2018年第七期）

【2019—2020学年贵州省遵义市绥阳县三和中学八年级（上）第一次月考语文试卷】

▶ 试 题

1. 下列对文章的理解和分析不正确的一项是（　　）（2分）

A. 本文主要讲述了一个男人在高铁候车席送给陌生人鲜花的故事。

B. 第⑦段中的"波澜"指人群的波动，生动形象地写出了人群因为男人的送花行为而逐渐有了波动和变化，表达了人们的好奇和欣喜。

C. 第⑧段主要运用神态描写，生动地写出了"我"当时紧张、激动和欣喜的心情，表达了"我"对男子分享鲜花的期待。

D. 文中男子为"我"上了人生中难忘的一课，使"我"领悟到人生需要分享的勇气和生活的智慧，表达了"我"对男子的赞许、敬佩之情。

2. 第①段在文中有什么作用？（3分）

_____

_____

3. 文中两处画线句都写了"我"对鲜花的感悟，请结合上下文说说分别有什么作用。（3分）

_____

_____

4. 通读全文，说说你对文章题目的理解。（4分）

_____

_____

_____

成长是一件怎样的事

①和许多人一样，小时候，我一直以为成长是因为年幼。我学习、我锻炼、我劳动，都是因为我还小，还得成长。而一旦长大，就不需要再付出任何努力。仿佛成长是一种储蓄，只要存够了一定的数额，就可以坐享其成，再无旁忧。

②后来才明白，不是这样。

③成长是一件最漫长的事情，漫长至终生。年龄阶段不同，成长的主题不同：一岁成长的是身体，十岁成长的是知识，二十岁成长的是情感，五十岁成长的是智慧……无论哪一方面的侧重，对于一个有悟性的人来说，成长都是一种必然的状态。所谓"活到老，学到老"，学，就是成长的另一种说法。

④成长是一件最丰饶的事情。因为成长，今天的麦苗是鲜绿的，明天就会变成金黄。因为成长，今天的玫瑰是含苞的，明天就会娇艳绽放。但不是所有的成长都有着明朗绚丽的色调，有些成长，注定是那种深沉厚重的乐章。你知道种庄稼有一道程序叫"蹲苗"吗？就是天旱的时候也不去浇水，没有水庄稼就不能往上长了，但是为了生存，它们就会拼命地往下扎根，吸取土层深处的水。这样，它们的根就能扎得牢牢实实的，再一浇水，就会长得又壮又稳。"蹲"，是一种必要的积蓄过程。不扎实地"蹲"，就不可能延出发达的根

系去获得最丰厚的滋养，就不可能在低潮之后充满爆发力地重新站起来。"蹲"，以一种外表的低姿态，隐含着一种内在精神的拔节。"蹲"，是另一种意义的成长。

⑤成长是一件最深情的事情。每当我做了一件糟糕的事情，我就对自己说："不要紧，吸取教训，如果明天遇到了相同的情况，你一定会做得好一些，因为，你还会成长。"每当我看到镜子里又憔悴了一分的容颜，我就对自己说："别忧伤，谁的身体都会老去，幸亏你的内心还在成长，这比什么都重要。"我清楚地知道，永远有比自己年轻的人。但我并不觉得任何比我年龄小的人都是年轻的，同时也不敢认为比我年龄大的人都比我衰老。因为有无数的人没有意识到自己的年轻，没有让自己得到有效的成长，而真正知道成长意义的人，往往都是那些在生理上不再年轻的人。我私下里认为，这是命运对于知晓学习的人的一种额外奖赏。

⑥一直感觉到自己的成长，一直知道自己在成长，这让我感觉幸福非常。

【2021—2022 学年西藏昌都市江达二中八年级（上）期末语文试卷】

▶ **试　题**
·············

1. 下列对本文中心论点的概括最恰当的一项是（　　）（3分）

A. 成长是一件怎样的事？

B. 成长是一件最漫长的事情，漫长至终生。

C. 成长是一件最漫长、最丰饶、最深情的事情。

D. 一直感觉到自己的成长，一直知道自己在成长，这让我感觉幸福非常。

2. 对文章的理解分析不正确的一项是（　　）（3分）

A. 文章的开头部分，介绍了对"成长"的错误认识，隐含着成长并不是一件可以一下子完成的事情。

B. 第②段内容上，强调小时候对"成长"的认识是错误的。结构上，承上启下，起过渡作用。

C. 文章开头，作者说"和许多人一样"是为了说明对"成长"持不正确的认识具有普遍性，含蓄表明了讨论这个问题的意义。

D. 第④段中介绍庄稼"蹲苗"的现象，是为了让人们更加了解庄稼的生长过程。

3. 联系第⑤段内容看，画线句中"额外奖赏"指什么？（3分）

_____

_____

_____

试卷作家
美文赏练

苦辣菜小记 /

🌸 **心灵寄语**

> 它是无人问津的野菜，在田间地里、河水岸边默默无闻地生长着；它是令人念念不忘的美味，苦中带辣，辣中带甜，正如人生百味，需要细细品尝。

不知道别人是不是也如此，我是年龄越大越爱吃野菜了。近两年，尤爱苦辣菜。如今超市里偶尔也有野菜，小区外的菜市场野菜出现的频率更高一些，不过露面的通常都是荠菜、蒲公英、茼蒿、马齿苋之类的，看不到苦辣菜。想要吃苦辣菜，只有去山野间采。好在工作日程里，时不时就得下乡一趟，忙完了正事，就可顺脚去挖一些。

野菜这种东西，茫然四顾，似乎无迹可寻。低头细找，却是无处不在。河边、坡地，甚至因为整修路肩而刚刚培的新土上，都有。再有几天就是立春，这还是三九天，在最冷的天气里长出来的，自然也是最嫩的，也是最好吃的。此时的苦辣菜紧贴着地面，翠生生的，很乖。轻轻一掐，就到了手里，一掐一汪水。

它不怕掐，简直是越掐越长——似乎还有一些菜是越掐越长的，如韭菜、小葱、芫荽、薄荷、荆芥——你过一段时间再来，它就长出了挺拔的茎，亭亭玉立。你掐过的那些了无痕迹。再过一段时间呢，它就开出了黄灿灿的花。开花的苦辣菜乍一看很像油菜——它的籽儿和油菜籽儿一样，确实也能榨油——再仔细看，就知道不是。油菜长得很温顺，是小家碧玉的风格；苦辣菜呢，到底是野菜，茎粗叶大，很生猛，一副野丫头样子。

尽管它已经很干净了，但是在吃之前还是要习惯性地洗一洗。洗之前要稍微拾掇一下，所谓的拾掇，也就是把它们打理成大概齐的几段，如此才好把它们放进开水锅里焯熟。再稍微拾掇一下叶子。它的叶子有着毛楞楞的边儿，叶面上散布着或密或疏的孔洞，不知道是不是虫子咬的，这些孔洞总是让我感到莫名的亲切；还有一些叶子带着暗红间杂棕黄的色块，这色块有点儿接近泥土的颜色，或者说有点儿接近秋天的颜色。大叶子有，如果细细端详，小叶子里也有，最嫩最嫩的菜心儿里也有这样的色块，像是胎记。它们的这个样子，总是让我想起香椿。初春时节，头茬的香椿也常常有这样的颜色。

一进到凉水中，苦辣菜立马就变成水灵灵的深绿色，秀气起来。怪不得有这种说法：卖菜的不使水，买菜的噘着嘴。这句话的意思是，买菜的时候，明知道那些卖菜的这么做不厚道，是把水当成菜卖给我们，买了就会吃亏，可是看见这些水灵灵的菜，还是愿意掏钱买，而不愿意买那些干巴巴的菜。这是吃亏么，明明是吃水。吃水的亏，心甘情愿。

到了开水里焯的时候，苦辣菜又变成了青绿色，也许是高温让它蒸了桑拿，它的绿就又浅了一层？我愿意这么想。水很宽。菜在水里，翻着它们，眼看着它们的身体迅速柔软了下去，它们的绿色却更加蓬勃了起来，青绿色又渐渐接近了深绿色。这柔软、湿润、迷醉的样子，很像女人遇到了爱情呢。

从开水里捞出来的苦辣菜，它的绿显然有些老了。接下来的程序是过凉水。过凉水是极其必要的，不但可以有效降温，在切它的时候不至于烫手，更重要的是可以有效地恢复它的气色：只要把它浸泡在凉水里，原本颓废的它立马就有了精气神儿，从老绿回归到了深绿。这仿佛热恋又失恋的少女被爱情磋磨后，有些疼痛，可是她又被什么给温暖了过来，平复了伤痕，走出了颓靡，就是那种情态。所以，虽然还是深绿，却又清新沉着了一层，更耐看了。

然后用白棉布裹住它，把水挤干，切成碎丁。切的时候，你会充分感觉到这菜的肥美，温热的身体，粗纤维的黏度——尤其是茎的部分。不好切。需要下力气。切菜的时候我总是格外专心致志，慢慢地切着，只喊着一个名字：苦辣菜。只有一个念头：好好切。只有一个热望：苦辣菜啊，我一会儿要吃你啦——

我就这么和苦辣菜说着话，用手和刀，也用我的胃。

齐备之后，开始炒。配菜得用蒜苗——必不可少的就是蒜或者蒜苗的茎，或者是葱白。最好还要有红菜椒。青椒不合适，会伤害苦辣菜的绿，让这绿变得浑浊。红干椒也不合适，因为红得太燥，也会伤害它的绿，更因为辣得太冲，还会抢夺了它的本味。所以，相较而言，就是红菜椒的温润悦目最为合适。对了，若再加一样黑木耳，四色兼具，简直就是完美了。

炒是最为简单的，就是用一点儿油，再用一点儿盐，就可以了。其他的什么都不需要，真的什么都不需要。菜在锅里，翻也很简单，简单到什么程度？只要盐在菜里翻匀了，你看不见盐的白色了，那么这菜就算成了。

苦辣菜，是有点儿苦的，后味儿有点儿甜；也是有点儿涩的，后味儿有点儿辣。当然不止这些，可其他的我却是难以言喻了。总之，这些味道综合在一起，如同四个一加在一起不等于四，而是四的很多倍——简而言之，偷懒地形容一下吧：是醇香，非常厚重厚实的醇香，一口一口地吃着它，这醇香就在唇齿间缠绵回荡。那感觉，怎么说呢？好像在和整个儿春天亲吻一样。

精彩 赏析

本文主要介绍了一种味道很好的野菜——苦辣菜。作者开门见山，直接点明对苦辣菜的喜爱之情——"不知道别人是不是也如此，我是年龄越大越爱吃野菜了。近两年，尤爱苦辣菜。"接下来，作者用细腻的笔触讲述了采苦辣菜、洗苦辣菜、焯苦辣菜、过凉水、切苦辣菜、炒苦辣菜，最后吃苦辣菜的过程。文中多次运用拟人的修辞手法，赋予苦辣菜人的情态，使苦辣菜的形象更加活泼、亲切。结尾写苦辣菜的味道"好像在和整个儿春天亲吻一样"，给人以无限遐想。

大地怀姜

心灵寄语

怀姜，即清化姜，是国家地理标志保护产品，迄今已有1600多年的栽培历史。清朝乾隆皇帝下江南时，品尝清化姜后，赞不绝口，之后清化姜被列为宫廷贡品。

1

也许在很多人的感觉里，"怀"这个字的核心之旨便是"怀"抱的怀。于我的记忆而言，"怀"的第一要义却是怀庆府的"怀"——怀庆府，是家乡焦作的古称。小时候，每当听长辈们说起咱们怀庆府如何如何，我心里总是有些抗拒地腹诽着：都什么年代了，还府啊府的，听起来就很腐嘛。还有，府，这就是个大院子的感觉，明显不如"市"的气派大呀。

直到现在，我才慢慢品出"府"的意味，实在是比"市"要深远，也比"市"更有温度——"我们都是怀庆府的人"，和同乡这么叙起来的时候，俨然共用着一个家门，可不是更有温度？

因了怀庆府之名，我们这一块豫北平原，还有一个别名，就叫怀川，又叫牛角川，因它是牛角状的。这一块由狭至宽的丰腴之地，四季分明，日照充足，地下水丰富，无霜期长，雨量适中。不客气地说，是种什么什么好，极有代表性的特产就是四大怀药：菊花、牛膝、地黄、山药，尤其山药最负盛名。

除了这四大样，还有许多好东西，比如怀姜。

如同有羊的地方都认为自家的羊肉最鲜美一样，凡是种姜的地方，似乎也都认为自家的姜最好——不管别地儿的姜怎么想，反正我们怀庆府的人就当仁不让地认为：怀姜是全中国最好的姜，也许没有之一。

据记载，怀姜迄今已有1600多年的种植史。晋代诗人潘岳任怀庆令时，就留下了"瓜瓞蔓长苞，姜芋纷广畦"的诗句。这姜，在这样的地方，被种了这么长时间，如今又成为中国国家地理标志产品，怎么可能不好呢？

不过，说来惭愧，吃怀姜吃了这么多年，却从不曾见过它生长时的模样，唯一知道的是它和树没啥关系。唐代有个段子，叫《楚人有不识姜者》："楚人有生而不识姜者，曰：'此从树上结成。'或曰：'从土地生成。'其人固执己见，曰：'请与子以十人为质，以所乘驴为赌。'已而遍问十人，皆曰：'土里出也。'其人哑然失色，曰：'驴则付汝，姜还树生。'"

虽然主角是楚人，但我着实怀疑这故事产自我们怀庆府，因为其中提到了驴，我们怀庆府的沁阳就盛产驴，其特有的美味就叫作怀府闹汤驴肉。

2

终于，这个秋天，十月末，和几个朋友一起，在当地土著带领下，我在博爱看见了怀姜的第一现场。

怀姜又叫清化姜。所谓清化，就是博爱县城的所在地——清化镇。因此，以我非常粗线条的理解，怀姜约等于博爱姜。当然博爱本土对此还有着极其精微的认定，说到姜，博爱人有句口头禅："前乔篓，后乔筐，苏寨萝卜，上庄姜。"前乔、后乔、苏寨、上庄都是村名儿，这么说来，上庄姜一定是顶顶好的。不过以我的浅见，总觉得有点儿被神化的意思。同在一块大地上，相隔又不远，即使不是上庄，那其他村子的姜应该也会很不错吧，比如眼前的西金城村。

当家的地主老兄说，这片姜田有三百亩，属于他的有八十亩。一眼看去，果然是很大的一片地。湛蓝的天空下，姜田里呈现着悦目的秋香绿。有的姜苗已经倒地了，有的还在挺拔地生长着。横着也好，竖着也好，横竖交织出一种油画的质感。

我们撒欢似的奔到地里。不得不承认，我骨子里就是一个农民，看见地，心就跳得格外厉害。不，应该是伪农民，要是真正的农民，应该会表现得很淡定吧。伪农民首先做的事就是庸俗地拍照。整株姜苗的高度及膝，叶片的形状有点儿像竹子。我揪着一片叶子闻了一下，一股子不那么浓烈的、清爽的、新鲜的姜香。我又好奇姜花是什么样儿，有朋友说，姜花是白色的，有点儿像剑兰。

远远的，一些人花花绿绿地散落在姜田里忙碌着，应该是本地的农妇们吧。走近，果然是农妇们正在拔姜，摘姜。跟她们搭讪，她们只是憨厚地笑笑，不怎么接话。我们便也来到她们不远处，学着她们的样子弯腰去拔姜。拔姜拔姜，拔这个动词，听着就有游戏的意思，似乎不用付出太大的体力。可是我们拔一下、拔两下，姜依然在那里；再加一把劲儿，拔出来的姜块却是断裂的。

"不是那么拔的。"她们笑起来。连忙告诉我们，是应该用犁把土松一下，再去拔。

"那边的田垄有犁好的，你们去拔吧。"

好嘞。我们就去那边拔吧。

3

这下果然好拔了，几乎不费吹灰之力。于是我们拔啊、拔啊，拔了一会儿，便把姜们排成排，又是很庸俗地拍照，拍、拍、拍。和姜拍够了，又想和正在摘姜的农妇们合影，人家都不怎么情愿。是，我们这样，也真是讨人嫌，耽误人家干活儿呢。实在被我们纠缠不过，她们才跟我们勉强配合一下。合影的时候，她们笑得倒是也很开心。

拔够了，就摘。我们识趣地把摘下的姜块放在她们的姜堆上，聊作弥补。——不，不应该叫姜堆，应该叫姜山。小小的，山。想到张娇，就凑成了一句："姜"山如此多娇。把这小姜山放在一个塑料桶里，就叫作一桶姜山。只管让那个"一统江山"磅礴去吧，咱们这一桶姜山，要的就是一个稚拙可爱啊。

摘姜就更简单，就那么轻轻一掰，姜块就乖乖地离了根茎。刚摘出来的姜，带着一点点儿嫩嫩的胭脂红，似乎有点儿害羞，非常漂亮。她们的身上还有一点点儿浮土，可那浮土是那么干净，一点儿也不脏，反而使得她们的胭脂红更为动人——不由自主，就把姜称为了"她们"。这样的小模样，不就是少女才有的神韵？再一琢磨，姜，这个字，看起来就是美女的简写嘛。

——被人嘲笑过几次，不敢妄自揣测，连忙查了查：姜，字从羊从女；"羊"，意为"驯顺"，与"女"相合，意为"驯顺的女子"。这么说，从造字本意来看，姜是指像羊一般温顺的女性。作为姓的姜，身份就更为贵重，起源于母系社会。姓和氏在古代有严格区别，姓代表氏族的血统，称为族姓，是区分血缘的识别标志，所以最早的姓，如姚、姬等皆从女。

原来，姜还真是有性别的。果然就是女。

4

那么，"姜是老的辣"的老姜，又有什么讲究呢？农妇们告诉我们，就是把鲜姜存放起来，存放个半年以上，最好是一年以上，就是老姜了。总之，是得隔年。隔年，就意味着这些少不更事的鲜姜最起码要经历秋冬春三季，把这世上的风霜雨雪尝个差不多。

然后，就真的老了。

然后，就真的辣了。

然后，就像《吕氏春秋·本味》里说的那样，成了"和之美者"——调和食物的美味。

朱熹在《论语集注》中的夸赞更给力，他说："姜能通神明，去秽恶。"

毫无疑问，有这等强悍功能的姜，必定是老姜。

什么又是最好的老姜？农妇们给我们找出一排嫩姜下面牵连着的那块姜，说这就是最好的老姜。每到种姜时节，她们会挑选出上好的姜，让她做母亲。而这些姜做了母亲之后，又会被激发出最大的能量，从而成为最好的老姜。

也就是说，能用来做母亲的姜，就是最好的老姜。这些个老姜，就叫作姜母，或者母姜。

"女子本弱，为母则刚。"这话，说的原本就是姜吧？或者，可以换句话说："女子本弱，为母如姜"？

和娇嫩的子姜们相比，这块老姜已然是一副老母亲的模样，黯淡、沧桑、沉着。她不美。不过，用美不美来形容她，也是不适合的。极不合适。这最好的老姜，已经超越了美。或者说，她有着最大的美。

告别时，农妇们仍在田地里默默地忙碌。最后和我们合影的是一位脸膛黑红的农妇。看我贴在她的身边蹲下，她让我离远一些，说她的衣服脏。怎么会脏呢？我紧紧地挨着她。她叫什么名字，我不知道。我知道的是，她一定是一位母亲。

5

中午吃的是鲜姜炒肉片，自然是鲜得掉眉毛。有行家在，一路长知识，听他们条分缕析地讲怀姜的好，就更觉得口口美妙。和别家的姜比起来，怀姜到底好在哪儿？他们说，怀姜有几个"格外"：味道格外辛辣，丝格外细，还格外耐煮，简直是百煮不烂。有人感叹，只是这姜再好，大多也不过是用来厨房调味的配角，炖汤、炒菜，这些用度都微乎其微。相比起来，感冒时熬姜汤喝，它倒是主角，可谁整天感冒呢？这姜再好，也不能为了喝它而整天感冒吧？

"喝姜糖膏嘛。"

是啊，怎么把姜糖膏给忘了呢。姜糖膏装在一个小小的瓶子里，有点儿蜂蜜的样子，一入口，你就会知道，它和蜂蜜很不同。既是姜熬出来的膏，自然是姜的精华，这精华的效用就近乎可爱的保健药：驱寒、发汗、化痰、止咳、补中、养肝、解酒、止吐、防暑、除湿……对于女人尤其好的是，可以用来暖宫、暖胃。我胃寒，喝它用来暖胃正对症，所以常在手边放着，想起来就冲一杯喝。有时候喝咖啡，也用它替代蜂蜜，居然也有很不错的口感。

"想亲手熬吗？一会儿带你们去感受一下。"

我一怔。从来没想到要亲手熬它。熬，想起来就觉得艰难。尽管我好奇心很强，对这件事却还是知难而退。若不是这一天来博爱拔姜，我想这辈子也不会去做这件事。

确实有些出其不意，好在准备起来也很简单。等我们到了操作台前，黄澄澄的姜汁已经备好在玻璃瓶里，四个人各执一瓶，很有些仪式感地一起把姜汁倒入锅中。行家们在旁边指点着，我们用勺子搅啊搅，等到稍微热了一些，就放进了一块红糖——是一大块，砖头那么大的块，说是古法红糖，赤黑里微微泛红，让人一看就口舌生津，仿佛尝到了一股凝固的甜。

按说这么一大块糖放进锅里，肯定会融化很长时间吧？却没有。如冰遇火，只过了一会儿，糖就完全不见了，汤汁黏稠了许多，颜色也深了许多。于是再用勺子搅啊搅啊，眼看着汤汁越来越热，越来越热。按说那么大一块糖融进去，汤肯定也会显得多吧？不知怎的，一点儿都不多。

到底是有些单调的劳动，最大的娱乐就是边熬边尝。我们聊着，搅着，隔一会儿尝一小口，再评判着。汤汁是宁静的，可尝到舌尖上却让人惊心动魄：那么辣，那么甜！这辣，不是辣椒的辣，辣椒的辣，是急吼吼的辣；也不是胡辣的辣，胡辣的辣，是粗鲁的、浓烈的辣。这就是怀姜的辣。这姜的辣，是细腻的、内敛的、含蓄的辣。

汤汁越来越浓。熬了有个把小时之后，我们暂停，把汁重新收回到了玻璃瓶里，恰好还是四瓶。多了砖头块大的红糖，居然还是四瓶。这真是有些奇妙啊。

我们各自带回去一瓶，说是要继续熬，把它熬成。也不知道他们熬了没有，反正我第二天就自己熬了。

6

我是用煮花茶的玻璃壶熬的，为的是看。熬起来才知道，根本看不清，汤汁在玻璃壶里，一片雾一样的混沌。

那就不看吧，且任它熬去。这边看两页书，那边熬半个小时，就停一停；再写几行字，那边再熬半个小时，就再停一停。总之是，这边做着事情，那边任它熬着。

心，越来越静了。

突然知道了为什么以前会认为"熬"有艰难的意思，那是因为熬的前面总有一个字，是"煎"。《说文解字》里说："煎，熬也。凡有汁而干谓之煎。"如此说来，有汁不干就是熬了。再去辨析，煎和熬果然有细微的不同：因汁干了，煎和火的距离就近，热的速度就快，脾气就爆，性子就烈。不是有个词叫"急煎煎"吗？熬呢，就不那么快，不那么爆，不那么烈。只要有汁，有耐力，有静气，有时间，那就按照自己的节奏来吧。所以，也有个词，叫"慢慢熬"。

从上午到下午，一整天，这点儿姜糖汁，我居然熬了七八个回合。加上在博爱熬的，算起来，该有四五个小时了。等到汤汁越来越少，到了玻璃壶的最低限，它开始报警，这表示它实在是熬不动了。我又不想这时候再加水，于是方才意犹未尽地终止，把熬好的姜糖汁一勺子一勺子地收到了玻璃瓶里——不能倒，太黏稠了——居然只装到了瓶的四分之一。

这时，我终于可以确认：汁成了膏。

晚上，有朋友来访，问我："你家这是什么香气？"

"有香气吗？"

"很浓。你还真是入芝兰之室，久而不闻其香。"

"不是芝兰，是姜糖膏。"

"哦，是姜香啊。"她感叹着，在客厅里转来转去，突然指着一个瓶子里插的东西问，这是什么？我说是姜叶。拔姜时，我顺便把一束新鲜的姜叶带回了家，就插在了这瓶子里。

怪不得呢，这叶子也有姜香哩。她笑道，怀姜这名字，意思就是姜香怀抱着你吧。

我拼命点头。

精彩 赏析

作者在文章中介绍了家乡怀庆府的特产之一——怀姜。作者运用拟人的修辞手法，生动形象地描绘了怀姜不同情态的美。"刚摘出来的姜，带着一点点儿嫩嫩的胭脂红，似乎有点儿害羞，非常漂亮……这样的小模样，不就是少女才有的神韵？""这最好的老姜，已经超越了美。或者说，她有着最大的美。"然后，作者运用多次动作、神态描写等，主要讲述了拔姜、摘姜、炒姜、熬姜汤等情节。结尾升华主题，表达了对怀姜的喜爱与赞美之情。

扇子的事

🌸 **心灵寄语**

> 中华传统的扇文化有着深厚的文化底蕴，在中国传统社会，扇子与民众日常生活息息相关。

"小扇有风，拿在手中。有人来借，等到秋冬。"——直到三十来岁开始写小说之后，我才意识到这十六个字的民谣可解读为一则世俗的小叙事。重点是在后两句："有人来借"，这人一定是个外人，且是不知趣的外人——人家正用着呢，你就来借，自然该碰壁；至于"等到秋冬"，所有的明推暗就之时都是秋冬，包括春天。

最早听到这个民谣是从奶奶那里。我童年的仲夏夜之梦启于奶奶的絮语。其实她不多话。母亲在村小教书，父亲在城里上班，我们兄弟姐妹五个全要她照应，她白天脚不沾地地忙活着，也没工夫多话。只有到了晚上，她才有兴致唠上几句闲嗑，一边唠一边打扇子。不是给我打，是给弟弟打。虽然和弟弟只差两岁，但我和他的待遇在奶奶这里从来都是泾渭分明。

"咋不给我扇？"

"你没有手？"

25

"他也有手！"

"他小！"

"我这么小的时候你也没给我扇过！"

"我就情愿给他扇！就不情愿给你扇！"

我哭着进屋去了，她得意扬扬地继续给弟弟扇。然而我这气也赌不了多长时间，过两天依然会灰溜溜地躺在院子里的凉席上，悻悻地听她说闲话，一边听，一边想着怎么报仇。有一天，我终于想出了好法子：把扇子偷偷地藏起来。不给我扇？那就都别用吧。

可家里还真不缺这个钱。奶奶通常是找一找便放弃了。逢到镇上集会的时候，她便让街坊邻居再捎几把。扇是蒲扇，我们村子人用的都是这种蒲扇。只是我们不叫蒲扇，而叫芭蕉扇。我很好奇为什么这么叫，也问过父母，他们各自忙着，没人搭理我。倒是奶奶悠悠答道："芭蕉扇自古就灭火。听说书里写着，那火焰山的火就是让芭蕉扇给扇死的。"这不是《西游记》里铁扇公主的宝贝吗？

待到稍稍长大，我便想当然地以为，这扇子一定是芭蕉叶做的。北方少种芭蕉，我在二十三岁时第一次在南方见到芭蕉，也才知道这芭蕉不是那芭蕉。不过，这张冠李戴的芭蕉扇真是当得起价廉物美的评定啊。那时节，它在我们豫北乡下的集上，才两毛钱一把，随便挑。后来涨到五毛、一块和两块。前两天下乡，又碰到赶集，问了问，也才五块。如今在郑州的大街上，偶尔也会碰到，精致地锁了蕾丝边儿，要价十块。我家的蒲扇，都是奶奶给包边儿，用碎旧粗布细细地包上一圈儿。那时候，这是乡下女人们的基本功。

一代代的童年顺着生命之河默然流淌和复制。有了儿子后，我也开始了打扇生涯。往往是有些燥热的暮春时分，开空调太凉，电扇风又大，人工打扇可轻可重，可急可缓，便是正好。我配的是另一版本的民谣："一扇扇，两扇扇，不给钱，给狗扇。"

"妈妈，我给你钱。"他渐渐懂了这话。等到再大一些，他就念着这几句话要给我扇，这可算是自食其果了吧。

有一段时间，为了让他体会劳动的辛苦，更多的则是为了好玩，我便事事计酬给他，包括打扇这个活计。讨价还价了好多回合，才商量出了适合的分寸：一块钱扇一百次。自此他便格外经心地要挣这份儿小钱，母子两个常常是边扇边斗嘴。无非是他嫌我给得少，我嫌他扇得不卖力。吵着吵着，他不由得感叹："挣钱可真不容易！"有时候可能是有些经济危机，等我下班一进门他便会热情地凑过来："要不要扇两块钱的？"

我也曾迷恋过檀香扇，在青春如玉时。第一次在苏州见到它，我简直是呆住了。扇子怎么可以这么漂亮呢？拉花、烫花、雕花、印花……无一不美，拿在手里剔透玲珑，摇动起来芬芳馥郁，果不其然，是"日日花香扇底生"啊。执着这种华扇，穿上丝绸衣裳，再涂脂抹粉一番，是不是有点儿接近大家闺秀古典风……依赖着这种绮丽的想象，我疯狂地买了一堆檀香扇。几年之后，惊觉自己只用过一把。还好，扇子们还都健康，我便大大方方地分送了人——终究知道，自己不是小家碧玉，也不是大家闺秀。自己的根底，也就是乡间的蒲扇而已。

年岁渐长，见识的扇子也越来越多，购置回来的也越来越多。毕竟这东西贵也贵不到哪里，凭着一时兴致，买也就买了。两年前搬家，把破家当检视了一遍，居然发现了形形色色的扇子：团扇、刺绣扇、绸扇……有一把光彩夺目的孔雀扇，缘于新疆喀什。彼时和朋友们在高台民居闲逛，走到一个少妇的院子里，她做的小生意便是卖这种扇子，似乎是五十块钱一把。还有一把在南阳诸葛庐买的羽毛扇，是为了照相临时添的道具。一群人每人都拿着它拍了一通。至于那把粽叶扇，我想了很久才想起来，和它相遇于某年盛夏的江西龙虎山。原本没想买，可是看着那位老太太在那里安安静静地编着，素白的粽叶柔韧纤细，编出的纹路简朴古雅，拿在手里是让人心疼地轻，扇出的风又是沁心的淡淡的粽叶香，便忍不住买了。似乎是十五块钱一把。当地的朋友说有点儿贵，我倒觉得非常无所谓。老太太没有向我兜售一句，我愿意，就觉得值。还有，她的样貌，有点儿像奶奶。

近年来，文学界书画之风渐起，我又得了许多作家师友所赠的扇子——也许该叫扇面吧。扇面上花鸟虫鱼、诗词歌赋，自有一番文采风流。牌子也都是讲究的：王星记也有，荣宝斋也有。这种扇子如若引凉取风，我便会觉得有些不敬。它们似乎更适合在书架上摆放——有些物，因为承载着的深重情义，必然不再是单纯的物，而成为一种特别的存念。

精彩 —赏析—

文章按照时间顺序介绍了作者与扇子的不解之缘。小时候奶奶唠着闲嗑打蒲扇，好奇的种子在"我"幼小的心灵里悄悄发芽；成家后"我"和儿子边打扇边斗嘴，充满趣味的生活场景跃然纸上；近年来文学界书画之风渐起，作家师友们互赠扇面，承载着深重的情义。作者对扇子的感情也越来越深刻，从一开始的好奇，到后来的迷恋，最终发展为一种特别的存念。文章叙事如行云流水般娓娓道来，语言平淡质朴、清新自然，感情真挚动人，给读者以美的享受。

关于月饼的几个词

> 月饼，又称宫饼、月团、丰收饼、团圆饼等。旧时，一些地区的妇女和姑娘们要在中秋节晚间祭月，所用供品为各种月饼。如今祭月仪式已渐消失。

1. 打

八月十五月儿明呀

爷爷为我打月饼呀

月饼圆圆甜又香啊

一块月饼一片情啊

……

这首儿歌是我很小的时候听到的，迄今为止似乎也只听到过这么一首关于月饼的儿歌。第一次听我就有了疑问："为什么是打月饼呢？打月饼，月饼它不疼吗？"

慢慢长大，这疑问也慢慢跟着长大："油饼是烙，煎饼是摊，这都是眼见为实的。月饼则是打,到底是怎么打的呢?"

有内行的朋友告诉我:"过去做月饼很烦琐。要打馅,馅里有核桃、冰糖,这些都要打碎的。还要打皮儿。皮儿要打得很结实、筋道,需要用杠子打压。最后把准备齐整的面和馅料填到木模子里蒸。蒸好的月饼因为热胀冷缩满满地卡在那里,要敲打半天才会出来。打,贯穿了月饼制作的整个过程。所以是打。"

这说的显然是北方月饼。

"木模子用的是什么木?"

"枣木。"

"为什么用枣木?"

"因为枣木不容易变形,还因为枣木吸油。蒸月饼要在模子里先刷油的。枣木模子吸油性好,等到打过了今年的月饼,很容易就能把它刷得干干净净,明年拿出来再用,像大理石一样,光滑润洁。绝不生虫。"

打,这个动词用在这里可真好啊。那么有力量,那么有场面感,让我一听就心生欢喜。

饮食行业里的很多动词都选得极其好,有一次,我听一个名厨聊狮子头,简直是字字珠玑:"狮子头是个淮扬菜,看着简单,吃着也简单,做起来可不简单。我们行内不说做狮子头,叫摔狮子头。先把肥四瘦六的五花肉切成石榴籽大小,形状均匀,不粘不连,再加入南荠丁和蟹黄,加鸡蛋、粉芡、盐和胡椒等调味料,然后用筷子摔打成剂,再烧开高汤生汆。这样一道狮子头,没有两个钟头不成。这样摔出来的狮子头也才醇厚不腻,酥嫩入口。有个老主顾,喜欢我做的狮子头，得了重病，临死前两天医生说他想吃啥就吃啥，他就让人捎话给我，说想让我再给他摔个狮子头吃。我就给他摔了个狮子头。他这走得就圆满了。"

2. 悲伤

16岁那年。我已经离家读书。那一年的中秋来得早，和国庆隔了几天，所以没有放假，全班同学得以在一起过节。不知道谁出的主意，最后决定到山上去过中秋之夜。山名凤凰山，与学校遥遥对望，山头满是小小的松柏。没事的时候同学们就会去山上遛一圈，那是我们的小小乐园。

黄昏时分，我们整队出发，突然有人叫我，一看，是大哥来了。他手里提的东西，大约是月饼。他说他到市里办事，顺便来看看我。我连忙把他领到宿舍，到门口才发现没拿钥匙。大哥把月饼递给我就要回去，我送他下楼，看着他的背影，当着全班同学的面突然哭了起来。任谁都劝不住。有人感叹我们兄妹情深，却没有人知道，大哥的背影让我想起了去世不久的父亲。我的父亲，他再也看不到月亮了——任何月亮。

然后，我们来到了山上。在山顶的一处平坡，我们席地而坐。月亮渐渐地升了起来，有人唱歌，有人笑闹，而我始终沉默。山下是万家灯火，头顶是皎洁月色，我的心却空旷而忧伤。我第一次感觉到，原来这象征着团圆美满的佳节，居然有着如此刺骨的凄凉。

那年中秋的月饼，是我吃过的最悲伤的月饼。我一边吃，一边哭，哭得吃不下了，就停一会儿，然后接着吃。也许是泪水的缘故，那月饼不好吃。可是我舍不得扔掉。怎么能扔掉呢？

后来母亲和祖母先后离世，我的悲伤都再没有那么沉痛过——也许和幸福一样，连悲伤都是第一次最为刻骨铭心。随着年龄的增长，我们的感受力会获得某种程度的减弱甚至免疫。有时候，我们把它称之为坚强。

3. 五仁

所有月饼的种类里，我最喜欢五仁。一盒月饼打开，最先寻找的就是五仁。

"五仁月饼是汉族传统糕点之一，属于广式月饼的一种，在中秋节各式月饼中最为著名。它具有配料考究、皮薄馅多、味美可口、不易破碎、便于携带等特点；边缘呈象牙色，底面棕红色；口味香甜，绵软带酥，有多种果仁香味。"

读着这样的介绍，口水都要流出来了。

莫名其妙的，这几年来，将近中秋的时候，网上都会兴起了一股讨伐"五仁"的风潮，说什么"五仁月饼太难吃，不配存活在世上""恨一个人又不想得罪他，就送他五仁月饼难吃死他"。这后一条让我爆笑。如果有人因此而送我五仁月饼，我会想办法让他越来越恨我呢。

为什么会这么恨五仁呢？不能理解。在这件事上，我终于明白了人和人之间就是有一种不可沟通性。

——值得欣快的是，也并不缺少知音。

"五仁月饼为什么被人嫌弃？因为它普通却成本高，因为它传统没新意，因为它默默陪伴一代又一代的人们过或凄凉或团圆的中秋节。莲蓉可以用土豆和香精制作，豆沙可以用咖啡渣和香精制作……各种水果月饼可以用水果渣和香精制作，连黑芝麻月饼都不能保证是没染色的芝麻。只有五仁月饼，瓜子就是瓜子，花生就是花生，核桃就是核桃，冰糖就是冰糖，掰开看看怎么都造不了假。也许这就是五仁被讨厌的原因吧，现世不就这样，越实在，越被嫌弃。"

嗯，这个应答可以得满分。

4. 酥皮

除了五仁，便是酥皮。或者说，我最喜欢的是酥皮五仁。清代诗人袁枚《随园食单》为它做过一则硬广告："酥皮月饼，以松仁、核桃仁、瓜子仁和冰糖、猪油作馅，食之不觉甜而香松柔腻，迥异寻常。"

酥，本身就是一个非常美好的词。酥脆、酥麻、酥软、酥松、酥甜、酥香……都是酥美。吃酥皮的时候，眼看着那些酥皮如雪花般落下来，落在桌子上、衣服上，我都会珍惜地捡起来，一点一点很有耐心地把它们吃掉，统统吃掉。这么吃的时候，我觉得自己非常丰足和富有。

曾在毕淑敏那里读到过一个酥皮月饼的故事：某村张老汉祖传打月饼的手艺，尤其是酥皮和自来红。酥皮就是酥皮，自来红就是冰糖加上红丝，比酥皮贵点、硬点。张老汉从大年初一开始打月饼，却不急着卖，立秋之后才赶集，让月饼上市。因对于穷人们而言，月饼是很奢侈的零食，不到节下他们就不会买。尤其是八月十四，张老汉的月饼就卖到了高潮。这一年，因天灾，庄稼歉收，穷人更穷，张老汉的月饼没有卖完，回家的夜路上又遇到了劫匪。张老汉颇有功夫，躲过了劫匪的袭击，并用防身利器反击。

劫匪讨饶，同时求饼。原来打劫只是为了月饼，因他从没有尝过张老汉的月饼。张老汉就给了劫匪一块自来红。重点来了，此匪走了几步，又回转身来，道："您爷爷只给了小的自来红，还没给酥皮呢。"张老汉叹了口气说："酥皮你已经吃过了。"匪徒说："您一定是记错了。"张老汉说："哪里会记错！刚才打你，用的就是酥皮。要是换了自来红，你早就没命了。"

打人用便宜的酥皮，送人则是贵的自来红。这故事讲得真是让人爱。当然，我也爱极了故事里的张老汉。

5. 沉

又是一年中秋在即，又到了吃月饼的时候。一晃已经吃了四十多年的月饼，已然人到中秋。在我之前，有多少人吃过多少月饼呢？南宋吴自牧的《梦粱录》里有了"月饼"一词；明代的《西湖游览志馀》对中秋赏月吃月饼有了记载："八月十五日谓之中秋，民间以月饼相遗，取团圆之义"；而到清代，中秋吃月饼已成为民间风俗……如若把《春江花月夜》里的"江月"改为"月饼"，这几句就变成了这样："人生代代无穷已，月饼年年只相似。不知月饼待何人，但见长江送流水。"

离中秋还有一个月，就已经开始收到月饼。蛋黄、枣泥、火腿、鲜花……各种各样的品类从天南海北汇寄过来，大都是杂志社和出版社的心意。

不由得想起小时候的月饼。中秋节是个仅次于春节的大节日，要走一些重要的亲戚。月饼很贵，先供走亲戚用。没有什么精致的包装，不过是牛皮纸包好，最上面封上一块红纸，红纸上大多没字，讲究些的才有字。若是两个字便是"月饼"，若是四个字便是"中秋月饼"，更高级些的是红纸上还印图，不是"花好月圆"便是"嫦娥奔月"。我们便是拎着这样的月饼走亲戚，走完了亲戚也便到了八月十五，剩下的月饼才可以吃。它们已经变得硬邦邦的，但到底是月饼。一家人围着，每个人分半块。

奶奶经常只吃一点儿。

"不能多吃，沉。"她说。

沉，是形容词，也是动词。沉在胃里，不走。

那时候真是小啊，根本不怕"沉"，总怕没得吃，便吃了玩，玩了吃，还会很腹黑地藏起来了一些，留着以后偷偷吃。

如今早不再藏了。琳琅满目的月饼被包装得新雅奇巧，每年都早早来吊我的胃口。因是中秋，因是月饼，总带着些和月有关的文艺范儿："月是故乡明""月光曲""岁月静好"……然而，再也吃不了多少月饼了。因知道了什么是"沉"。

——月饼本身沉于胃，月饼之外的东西，沉于心。

精彩
—赏析——

　　"八月十五月儿明呀／爷爷为我打月饼呀／月饼圆圆甜又香啊／一块月饼一片情啊……"文章引用关于月亮的儿歌开篇，自然引出话题，绘声绘色地描述了制作月饼的整个过程。"那年中秋的月饼，是我吃过的最悲伤的月饼。"随后讲述了过中秋但家人再难团圆的故事，借物抒情，以情感人。接下来对月饼的种类、特征等进行了重点刻画。"我"爱月饼的五仁馅料，爱月饼的酥皮口感，作者在描写的过程中适当地运用了比喻的修辞手法，增强了文章的趣味性。最后升华主题，用"沉"概括月饼所能寄托的情怀，表达了对月饼的喜爱与赞美。

———————

石头记

> 石头是天然的艺术品，是大自然的鬼斧神工。很多美丽的传说都有石头的身影，它有惟妙惟肖的名字，有不凡的生命，也有自己传奇的故事。

1

也许是从小长在太行山下的缘故，石头看得多了，早年间便不怎么喜欢石头。这些年来，还是石头看得多的缘故，却越来越喜欢石头了。到保定的第一天，我和朋友在城里闲逛。看过了直隶总督府，就听出租车师傅的建议去了钟楼——据他说那里除了钟，还有一块赫赫有名的石头，叫大列瓜。"沧州的狮子定州的塔，保定府的大列瓜。"师傅嘎嘣脆地背着顺口溜。

钟在二楼，一楼售票，票价五块。钟楼还有一个好听的名字，叫"鸣霜楼"。

"钟是原来的吗？"

"是。"售票阿姨说。

"大列瓜呢？"

"也是真的。"她笑吟吟地朗声道，"都是真的！"

斑斑驳驳的红漆木楼梯台阶极陡，比平常的台阶高一倍的样子，还是稍微向下抹坡的，颇有险度。我们颤颤巍巍地上去，一眼就看到了那座大钟。这钟据史载造于1181年，已经将近千年了。此钟是"以生铁为原料，采用无模铸造法浇铸而成。千百年来，它经受了无数次的撞击和风雨沧桑……"这沧桑都挂在它的身上，有些斑驳的佛像和八卦纹饰简洁拙朴。以手叩钟，清脆悦耳。

我更感兴趣的是那块石头。目光逡巡一周，在一个角落里看到了它。它卧在一个矮矮的台架上，下面铺着红衬，越发显得乌黑发亮。摸过它的人一定非常非常多吧。"大列瓜"，我喜欢这个亲切的昵称，仿佛它是可口的水果。关于它的介绍，我也原封不动的抄下来一段："相传，大列瓜本是战国时期燕赵两国的界石，名'列国石'，位于保定南大街路西墙根下，人们管它叫'大列瓜'，久而久之，民间对其有许多神奇的传说使其更负盛名。"

什么传说呢？一个传说是二郎担山的时候留下来的一个扁担楔；另一个传说令我最折服，说是这块石头没被供起来的时候，在地上刚刚被发现的时候，是没有底儿的，也就是说你怎么刨都刨不出来的。坊间流传，民国初期，人称"保定王"的大军阀曹锟在保定担任直隶督军，和这块石头较上了劲，说："我就不信，这块小小的顽石竟没有底。"于是他派人刨了好多天，越刨石头越大，终究还是没有把它刨出来。却原来，此石不是孤石，而是一座古潜山的峰尖，它下面有一座山呢……民间就是这么有智慧，总是能有效地把端庄古板的官方立场再度进行诠释或者解构，以极富想象力的方式。

相对于软弱短暂的肉身，石是坚固恒远的经典象征，深为奢望长久的人们所期待和依赖。突然想到，明天的行程是西陵，一定会看到更多的石头。不由得，便想起了三年前在东陵看石像生的情形来。

2

那天中午，漫长的车程终于告一段落，我们来到了东陵。盛夏的天气，本来一下车就会热浪滚滚，但在东陵是凉快的。远远看见了两座山夹着一个山口，当地的朋友——在东陵工作多年的专家汪雅克先生介绍这山口叫龙门口，过了龙门口就是一泓大湖，汪雅克说这是龙门湖，是天然形成的。有山有水的地方，能不凉快吗？

在孝陵石牌坊前面站定，汪雅克一一指给我们看：金星山形如覆钟，端拱正南，如持笏朝揖，在风水上是朝山。陵寝与朝山之间的小山名为影壁山，似玉案前横，可凭可依，在风水上是案山。陵寝后面紧紧依附的山名为昌瑞山，玉陛金阙，锦屏翠障，在风水上为靠山。众山形成了拱卫、环抱、朝揖之势，且又有马兰河、西大河清水汩汩，碧流殷殷，实在是皇家陵寝的吉祥宝地。

风水之事我一向不通。于我而言，这两个字过于玄幻且遥远。让我觉得亲近的是那条神道，即连接朝山、案山和靠山之间的那条路。从朝山到靠山有八公里之距，为了让这三山气势恢宏地联系在一起，同时又有实际的功用，神道便被设计者呈现了出来——忽然明白了神道为什么叫神道，在将逝者抬向陵寝的路上，人在两边走，中间是棺木，棺木里是抛离了沉重肉身的神灵，就是神道。

很久没有见过这么空旷的路了，我在那神道上慢慢地走着，给双腿放假。走着，走着，远远地，就看见了那一排石像生。汪雅克说孝陵石像生共18对，当地老百姓俗称"孝陵十八对"。其中，文臣3对、武将3对、站卧马各1对、站坐麒麟各1对、站卧象各1对、站卧骆驼各1对、站坐狻猊各1对、站坐狮子各1对。那些兽们为什么要站坐或者站卧各一对呢？汪雅克笑答："站的值白班，坐的、卧的值夜班。它们也得轮休啊。"

石人也就罢了，我只爱看这些石兽。满人是马上得天下，自然得有马。这马仿佛随时会撒蹄子跑起来似的。把手伸到马的嘴巴下，仿佛能感觉到它粗重的呼吸。还有骆驼，这骆驼比我在沙漠里见到的要考究，要漂亮，驼峰柔和，乖顺可爱。还有狮子，张牙舞爪，瞠目咆哮，凶猛强悍，粗犷威武。我最爱的是那大象——矮墩墩的脚，壮实实的身子，长长的鼻子，小得几乎看不见的眼睛，尾巴也小小的，紧紧地贴着臀。它身上已经有好几道裂开的石纹，却并不显沧桑，反而让它更加憨厚雄浑，真实可亲……我一一走过，用手摸着它们的身体。它们都是热的。这盛夏的天气，是阳光晒热了它们。不过也许它们本身就是热的，谁知道呢？

它们都是清早期的石雕作品，轮廓简明，线条遒劲，造型朴拙，颇有汉风，但比汉朝的又精致了些、华丽了些，多了些人间烟火——在站象下面，我驻足。这里有几个摆摊的，是村妇村夫。汪雅克说这些人都是满人，就住在附近，都是给他们的祖宗守陵的人，代代相传到如今。我看着他们。男人们穿着寻常的白汗褂，女人们穿着乡艳的衣裙，怀里的婴儿只是围着个花花绿绿的肚兜。在这阔大的陵园里，他们自顾自地坐在那里说笑着，悠游自在，气定神闲。不时，他们会看一眼我们这些外人——我们这些闯到他们祖宗之地的人，可不都是外人吗？摊子上的货物有风车，有糖果，也有新鲜的水果。

我问那村妇"水果是什么"，她答："李子呀，新鲜的李子，五块钱一斤。"

有小孩子在象身上玩耍，一会儿背上一会儿腹下，口中念念有词，状貌很是惬意。我有些担心，这么玩耍下去，如果把象损坏了可怎么好？问汪雅克，他淡淡道："唉，多少年了，都是这附近的人……"

这几句话貌似逻辑破碎，我想了想，才明白了。忽然觉得温暖：是啊，这些石像生这么多年都好好地留下来了，怎么会被小孩子们嬉戏坏呢？他们也是满人，怎么会毁坏祖宗的物事呢？而且，他们在这里玩，不是最应该的吗？也许，他们的玩对于睡在陵寝里的祖宗而言也是一种幸福吧，石像生，石像生，石像自是岿然不动，那生是什么呢？除了这些活生生的人，还有什么最能意味生呢？生动，生机，生气勃勃，生生不息？

3

天气很好。蓝天映衬着琉璃翠柏，明艳耀目。如果不是那种近乎苍茫的阔大和静穆，这里简直不像是个陵寝之地。自然处处有石。因是帝王之陵，石的呈现在这里便显得更为庄严、浩大和华丽。石拱桥、石五供、牌坊、华表、碑亭……满目皆石，无一不石。而在崇陵的地宫里，最常见的则是青白石：月牙影壁的外层为青白石料，隧道券、闪当券等各券的平水墙下肩是青白石角柱，头道门洞券和明堂券也是青白石。"巨大的石料在空中相互撑托，彼此倚靠，对接严密，细面平滑。"而地宫四道石门的门楼，也各用巨大的青白石制成："雕有脊、吻、瓦垄、勾、滴等。门垛为马蹄柱形，底部雕有佛轮，上部雕有高山、浮云和净瓶，工艺精巧，繁简得当。"

引号里的文字均摘录于主办方所提供的资料《清西陵纵横》，一叠厚厚的资料里，这是我最心仪的一本，编著者是陈宝蓉，于1985年完成著述；1987年6月首次出版，印刷三万九千册；1998年5月出版第2版，距今也有二十多年。这本书装帧非常简单，甚至可以说是简陋，但是内容翔实，信息丰富，笔墨简净，极具美感。比如写到昌陵隆恩殿的地面是紫花石铺墁，原文如下："紫花石又称豆瓣石，产于河南，每块呈正方形，边长六十二厘米，磨光烫蜡，不滑不涩，砖缝如线，平亮如砥。石面呈黄色，缀以天然形成的紫色花纹图案，其状如竹笋，似春蚕，若芙蓉……观者莫不惊诧自然造物之神奇。更值朝日渐入或夕阳轻镀时分，门窗摇曳晃动，光线若明若暗，整个地面如同一块巨大的黄色的玻璃板，映入无数紫蝶翩翩起舞之倒影……"

作为同一个浸泡文字多年的人，在旅游资料里读到这样优美雅致的专业文字，我也忍不住要赞叹。真是讲究，还饱含情感，而这情感的表达又很内敛，且因为内敛而更为动人。顺便上网搜了一下她的名字，看到一则有趣的史料，为她署名所写，说的就是崇陵地宫的事：1980年春天，她在雍正泰陵月牙城的照壁前右下角发现了一个盗洞，以为泰陵地宫被盗，就向省里做了报告，省里又报告给了国家文物局。一周后，国家文物局通过了《关于抢救挖掘泰陵地宫的申请》，工程立马开始了。可是在挖到地宫前面的第一道屏障金刚墙时，盗洞痕迹消失。这证明地宫没有被盗通，墓室内的文物没有丢失。他们欢呼雀跃，因为再挖下去："那可都是价值连城的宝贝，具有很高的历史研究价值……说不定这次挖掘成果能被评为

1980年度考古新发现。"可是国家文物局责令他们回填。原来按照规矩,没有被盗的陵就不能挖掘,被盗的陵却可以进行抢救性挖掘。她明白了这个逻辑之后,"……由于泰陵地宫回填,引起的沮丧心情,一下子被驱散到了九霄云外。送走国家文物局的领导和专家,我们没有回保管所,叫上几个工人,带了铁锹镐头,直达崇陵,扒开盗洞里的砖头瓦块和废旧垃圾,不到一个小时,就见到了被盗墓贼打开的第一道石门。崇陵确实被盗了,就是说我们可以挖掘了,西陵也有清理出来可供人观赏的地宫了!大家又一次欢呼雀跃起来。"

在崇陵地宫里,想着她当时的心情,我简直都想笑起来了。太可爱了不是吗?

4

"风萧萧兮易水寒",易县得名于易水。此行易水不见,却见了易水湖。阳光照着波光粼粼的湖水,不寒。

荆轲的故事早已渺远,但是在故事的发生地易县,他的留存却是时可见闻。除了人人皆吟的"风萧萧兮易水寒,壮士一去兮不复还",还有"白虹贯日"。《狱中上梁王书》言:"昔荆轲慕燕丹之义,白虹贯日,太子畏之。"——易水河边,至今有一村名为白虹。

一想到荆轲,跳进我脑子里的事物,除了剑,就是石头。他的意志是石头,樊於期奉献出的那颗头颅也是石头。燕太子对他的信任是石头吗?《战国策》言:"于是太子预求天下之利匕首,得赵人徐夫人之匕首,取之百金,使工以药淬之。以试人,血濡缕,人无不立死者。乃为装遣荆卿。燕国有勇士秦武阳,年十二,杀人,人不敢与忤视。乃令秦武阳为副。荆轲有所待，欲与俱，其人居远未来，而为留待。顷之未发，太子迟之。疑其有改悔，乃复请之曰：'日以尽矣，荆卿岂无意哉？丹请先遣秦武阳。'荆轲怒，叱太子曰：'今日往而不反者，竖子也！今提一匕首入不测之强秦，仆所以留者，待吾客与俱。今太子迟之，请辞决矣！'遂发。"

"太子迟之，疑其有改悔。"一个疑字，易水寒彻。而也因此，这个故事更具有真实性，更让人信服。而荆轲后面的行为也才更有力量："太子及宾客知其事者，皆白衣冠以送之。至易水上，既祖，取道。高渐离击筑，荆轲和而歌，为变徵之声，士皆垂泪涕泣。又前而为歌曰：'风萧萧兮易水寒，壮士一去兮不复还！'复为慷慨羽声，士皆瞋目，发尽上指冠。于是荆轲遂就车而去，终已不顾。"

荆轲是河南鹤壁淇县人，春秋时期齐国大夫庆封的后代。难以想象他怎样从豫北游历到河北——如今的高铁真是快捷，我从郑州到保定也不过两个小时，但那时候，荆轲走这一段路，不知道需要多长时间？他到了燕国，由田光推荐给太子丹，便走上了慷慨的不归路。他死后，太子丹命也不久，燕国也没有更长寿。高渐离隐姓埋名做酒仆，终因"击筑"而暴露了自己，后来秦始皇找到他，熏瞎了他的双眼，让他为自己"击筑"。他完全可以凭借此技为自己落个善终，但是他没有。他深藏着滚烫的刺客之魂，"举筑扑秦皇帝，不中。于是遂诛高渐离……"

荆轲墓有多种说法，身为一个河南人，我当然更倾向于让他回到故乡。据《中国名人名胜大辞典》记载，荆轲墓"在淇县南一公里折胫河北岸，墓呈金字塔形土冢，高六米，占地约三十平方米，墓北有观音堂庙，庙碑刻亦记'荆轲墓，庙南'字样。民国十八年，淇县师范学校校长李道三曾盗掘此冢，内有水，颇寒冷。李从中盗获古剑一把，长三尺，铜锈斑驳，擦拭之后寒光逼人，李道三将剑据为私有，现下落不明。"

——英雄是崖石。没有几个人能够攀爬到崖石上，更没有几个人能够在崖石上生活，但是也正因此，崖石成为仰望的珍宝。两千多年来，人们对英雄的怀念，是绵绵不绝的易水，更是壁立千仞的崖石。

作为一个最凡俗不过的人，我也只是崖石的仰望者。于我而言，最亲切的石头是颈上的和田玉平安扣和腕上的翡翠手串，最文学的石头是《孔雀东南飞》的诗句："君当作磐石，妾当作蒲苇。蒲苇纫如丝，磐石无转移。"这是爱情的誓言，也是爱情的意志。其实，蒲苇又何尝不是磐石？很多东西，本质上都是磐石啊。

精彩赏析

这是一篇状物记叙文，开篇点题，点出对石头的喜爱："这些年来，还是石头看得多的缘故，却越来越喜欢石头了。"然后作者将几次对石头的鉴赏品评一一道来，描写生动详尽。保定府的大列瓜传说是一座古潜山的峰尖，想象奇幻；十八对孝陵石像生精妙绝伦、栩栩如生，让陵园展现出勃勃生机；清西陵庄严华丽，石雕石壁工艺精湛、美轮美奂；荆轲的意志是崖石，是仰望的珍宝，化抽象为具体。最后升华主题，托物言志，点明石文化蕴藏着深刻的精神价值，触动读者的内心。

乡村夜色

❀ 心灵寄语

　　夜幕降临，乡村归于沉寂，什么样的夜色令人难忘？是寂寥的村落，还是荒凉的小路？

　　1990 年，我师范毕业，回到老家乡下教书，教书的镇子离我的村子三里地。上的虽然是中师，但好歹是在大城市焦作上的，所以自己觉得很有一些见识，行事做派也颇有些文艺，比如读书、看报、写信、弹吉他等，一时改不掉，也压根儿没打算改，在村里人眼里，便说这是"带样儿"了。

　　其中最带样儿的，便是散步。

　　在焦作，散步不叫散步，叫"游一游"，也可能是"悠一悠"，反正就是这个音儿，音调是阴平。当时觉得真是土气，现在读来却觉得备有诗意。"游一游"时，如鱼在水；"悠一悠"时，如荡秋千。嗯，相比之下，我还是更喜欢"游一游"。

　　散步的习惯是在学校养成的。每天晚饭后会和相契的同学沿着操场走几圈，一边说闲散话一边消食。在乡村，晚饭吃得早，吃完也才刚刚暮色四合，最适合散步。

　　我便出去。

"去干啥呀？"

"游一游。"

"有啥？"

我明白过来，便正色道："走走路。"

"锻炼呢？"

"嗯。"

"年纪轻轻，怪知道保养身体呢。"

"嗯。"

这样的问答很是无聊，所以是绝不能在村里多待。我便朝村外走。村里通往镇上有一条路，是最大的路，宽展平直——如今想来也不过是条双车道而已。我就在这条路上走。白天在这条路上，是为了去学校上课。晚上在这条路上，却只是为了游一游。

不时会碰上晚归的村人，见面依然是要打招呼的。即使夜色深浓，他们看不清我的面目，也是要执着地打个招呼。

"是不是二妞呀。"

"嗯。回来啦。"

"回来啦。你这是去哪儿啊？"

…………

无比烦人。可是又不能走那些偏僻的小路。小路上总归是不安全的，会有蛇，有青蛙或者蛤蟆，树叶也多。

更有意思的是，有闲话渐渐传来，说我有心事。不然黑漆漆的，不在家里好好看电视，去荒天野地的大路上走啥呢？有心事，这在乡村，算是风评不良的含蓄前奏，接下来，要么会说你精神有问题，要么会说你品行不端正。母亲和奶奶断然不能容忍这个，便试图阻拦我。我不肯妥协，寻思了一下，便游说了几个同龄的女孩子，晚上一起出去。居然成功了。

现在想来，那些乡村女孩子虽然整日脸朝黄土背朝天地劳作，就生活表象而言和我差异颇大，但骨子里，她们也和我一样，都有一颗文艺的心。只是她们比我胆怯。她们也很想出去"游一游"，就等一把外力。我便是很合适的那种外力。作为公办教师，我的身份可谓是"乡村贵族"，我去邀请她们，在她们看来很有面子，家里人都不好反对。而我有了她们的陪伴，便人多势众，在行为的正当性上也更有了说服力。

母亲和奶奶都不说什么了，村里人也都不说什么了。游一游，渐渐就成了村里年轻人的一种风尚。女孩子们出来了，男孩子们也都出来了，邻村的女孩子们和男孩子们也都出来了。你能想象吗？这样的夜晚散步，成了一种心照不宣的集体约会。没有路灯的乡村路上，或浓或淡的夜色里，一个又一个身影，一群又一群身影，他们走过来，走过去。女孩子们说着衣裳和化妆品，有些矫情地娇笑着……有时候还会唱起歌来，唱当时最流行的歌：《梅花三弄》《大海》《路边的野花不要采》《童年》……这边女孩子们唱，那边男孩子们也唱，比赛似的，此起彼伏，有时候居然还会合唱起来。却也常常唱不到头儿就笑场了。

暗夜里应该是看不清面貌的，但互相之间分外熟悉起来。远远地看见那个身影，就知道是他或者她，他们或者她们。待到了白天，辨识也更容易。

一两年之后，这些男孩子和女孩子里，有几个谈了恋爱，也有几对订了婚，还有一对结了婚——结婚的人，他们就不出来了。也有男孩子喜欢上了我，去我家提亲。我断然拒绝了。怎么可能呢？我怎么可能长长久久地在乡村待着呢？我暗暗地觉得，他的提亲简直就是对我的侮辱。我觉得自己注定是要到更大的世界去"游一游"的。这乡村路上的"游一游"，于这个早就下决心要逃离乡村的少女而言，不过是对往昔城市生活的重温和致敬，也不过是对未来城市生活的抚摸和预习。

在这样的乡村夜色里，我散了四年的步。1994年，我调到了县城。县城有好几条主干道，每条主干道上都有路灯，县城的人都喜欢散步，我再也不是一个异类，也再也不用开风气之先了。我的颇有点儿浪漫色彩的乡村散步史，便也到此为止——我必须诚实地承认，之所以回忆起来有点儿浪漫，是因为此时已经成为回忆，且是乡村局外人的无耻回忆。有一首知青角度的歌，是叫《小芳》吧："村里有个姑娘叫小芳……"我非常清楚，自己文字里的这种乡村夜色，是另一种意义上的小芳。

精彩 — 赏析 —

文章讲述了"我"回乡任教时夜晚散步的趣事。开篇交代了事情的起因：行事做派颇有些文艺的"我"爱好晚上出门散步，却不被村里人理解。随后叙述了事情的经过："我"游说同龄人晚上一起散步，后来散步成了村里年轻人的一种风尚。最后阐述了故事的结果："我"从乡村调到了县城，实现对城市生活的向往。实际上，乡村的夜色平平无奇，而"我"坚持夜晚散步不愿妥协的根本原因是在追求自由，追求思想解放。这些回忆因为感情色彩的注入，弥漫着朦胧的浪漫主义气息。

梦见了母亲

🌸 **心灵寄语**

母爱是不熄的篝火，温暖着每一个人的心房；母爱是一首深情的歌，婉转悠扬，余音绕梁。

早上，目送孩子上学之后，我照例上床睡回笼觉。闭着眼睛也能感受到窗外越来越亮。电子钥匙开车门的哔哔声，邻居见面的寒暄声，还有小狗小鸟的叫声，都声声入耳。因为隔着封闭的阳台，却也并不嘈杂，反而却映衬出尘世的安妥，更容易入睡。

然后，就梦见了母亲。

母亲去世已经快二十年了，梦见她的时候并不是很多。她是脑出血突发，走得很快。那时我不过二十出头，现在我已经越过了四十岁的边界，人到中年。

我进到了一个房间里，不知道什么由头，有些心烦意乱。房间里有两张床，都挂着纱帐。一进门我就看见两个孩子在嬉闹，有点儿脏乎乎的样子，看见我，他们停了下来，瞪着圆溜溜的眼睛，瞧着我。我任他们瞧，只是想躺到床上歇一歇。刚在一张床上坐下来，看见另一张床上还躺着个人，便走过去，想看看是谁。

——是母亲。她斜躺在那里，枕着个被子，闭着眼睛，在睡的样子。

"妈！妈！妈！"我连声喊，肆无忌惮地喊着"妈"。她睁开眼睛，看见我，却并不像我一样惊讶。她自在从容地坐起来，答应着："嗯。"

我想问问她：怎么在这里？在这里做什么？那两个孩子是谁家的？却什么也问不出口。我心里明明白白知道，她已经死了。这是梦吧？这是梦。

母亲温和地看着我，也沉默着，似乎很明白我的沉默。我们的目光对视着，似乎都是在确认彼此的真实。她把视线移开，短短地笑了笑，笑得有些羞涩，有些不好意思。

然后，我就趴到她的床沿上，哭了起来。起初是抽抽噎噎，委委屈屈的样子，没有放开。很快，我就不管不顾号啕大哭。似乎这二十年来，我把所有的伤心、难过、愤怒、不平、怨天尤人和自怨自艾都积攒了下来，就是为了在这一刻哭给母亲——要用泪水尽情尽兴地朝她撒一下娇。

哭了不知道多久，终于觉得好了一些。朦朦胧胧中，看见母亲的一只手就在眼前，咫尺之距。是她的左手吧？我想握住。可是，这可以吗？我有些犹豫，抬起头，母亲的神情显然也在犹豫。犹豫稍纵即逝，我一把抓住她的手。她的手温温的，一点儿也不冰凉。我的心顿时踏实下来，仿佛这手温是一种有力的证据：母亲并没有死，她还活着。即使梦醒了，她也还在豫北乡下的杨庄村的老宅里，等着我回去。可是我的泪水并没有止住，一直一直在落，落在母亲的手上，直到把她的掌心聚成一个小小的温泉。

——鸟鸣声越来越欢悦。我醒了。不舍得睁开眼睛，可是我也已经醒了。那个梦，再也回不去了。想想，觉得自己还真是无耻，即使在梦里见到了母亲，也还是只顾着自己在哭，想要得到她的慈爱和抚慰。母亲带着一掌心的泪水回去，该是多么不放心啊。

精彩赏析

文章主要讲述了"我"在梦中见到了母亲这件事。文中多处运用动作描写、神态描写等写作手法刻画母亲的人物形象："她自在从容地坐起来""母亲温和地看着我，也沉默着，似乎很明白我的沉默。""她把视线移开，短短地笑了笑，笑得有些羞涩，有些不好意思。"梦中的母亲是充满慈爱的，她用温情治愈着"我"。"我"趴在她的床沿哭，拉着母亲的手哭，把所有的伤心、难过、愤怒、不平、怨天尤人和自怨自艾都化作了泪水，滴落在母亲的掌心，情感真挚动人，表达了作者对母亲的深深怀念。

在槐园怀想

💮 **心灵寄语**

　　槐树是"守土树"，有庇荫之意，一般栽种在村口或宗庙门前，代表着候望远行的游子叶落归根、魂归故里。

　　"老槐树，槐树槐，槐树底下搭戏台……"在这简单悦耳、朗朗上口的民谣里，很小我就认识了槐树，爬的最早的树也是槐树——自家院子里就有一棵。爬它只在五月，因上面有槐花。清甜的槐花是乡间的美味。"五月槐花香，有福就能尝。"奶奶常常这么说着，就开始蒸槐花给我们吃。

　　而我常常等不及她老人家去蒸。爬到槐树上，我就用手捋着槐花吃，一把一把地吃，柔嫩的花瓣被我粗粗拉拉地吞到了肚子里。其实槐花的香并不那么顺溜，刚入口的时候，有着轻微的涩，然后才会甜美起来。它的甜美不是浓烈，而是淡淡的，这淡却很悠远。我从树上下来很久了，用舌尖舔一圈儿嘴巴，还能觉出甜味儿来。

　　五月的槐花，真是香啊。

　　这天来到沈丘，饭后无事，朋友说要带我们去看一个槐园。我想，槐花都已经开过了，槐树有什么好看的呢？犹疑着，客随主便，还是去了。

迎面而来的是两棵大槐，朋友说这是"把门槐"。能够把门的槐树，资历肯定了得。我走到右边的槐树前，仰头看上面贴的标签——树名：国槐。树龄：两千余年。朋友说这棵槐树被称为"中华槐王"。当初从晋陕两省接壤处的深山里移栽过来时，因其枝干太过繁茂不便运输，便只保留了主干，就这还特意为它开了几公里的路才运了出来。栽植到此时，为确保成活，一直由最资深的槐树专家为它制定栽植方案，密切跟踪，专人养护。

我围着它走了一圈，踱了足有五六步。问朋友这树有多粗，朋友说本地有顺口溜云："千年古槐树，胸围五米五，看着没多粗，仨人搂不住。"我看着那些婆娑的槐叶。两千年了，槐叶依然葱翠鲜嫩。看着看着，我有些恍惚起来，想起老家杨庄院子里的那棵槐树，它现在是什么模样？

"院里有槐，招宝进财。""院里有槐，平平安安。""院里有槐，福气常在。"这是奶奶经常唠叨的话。每到大年三十上午贴春联的时候，她都会叮嘱父亲在槐树上贴一张"树木兴旺"的红帖子。到了黄昏吃年夜饭的前夕，她都会让孩子们围着槐树走两圈，边走边喊："槐树娘，槐树娘，你长粗来我长长；我长长了穿衣裳，你长粗了做大梁……"我只喊过一次，还喊成了"我长粗来你长长"，喊完就气急败坏地冲她叫："迷信！"

五福迎宾槐、比翼槐、连理槐……槐树真多啊。环绕着中心广场的树木，也都是国槐，朋友说有99棵。99，天长地久的意思吧。中心广场叫"千字文"广场，顾名思义，《千字文》被镌刻在了巨型竹简上。此文作者是南北朝时期沈丘人周兴嗣。沈丘地，沈丘人，配上此文甚是妥当。《千字文》我只是听说，从不曾读过，可是，怎么回事呢？看了几句，居然也很熟悉："天地玄黄，宇宙洪荒，日月盈昃，辰宿列张，寒来暑往，秋收冬藏……"想了又想，是了，是奶奶曾经念叨过的。每到季节更迭的时候，她一边为我们做着棉夹衣裳一边就念叨着这几句。有一次我问她这些话是哪儿来的，她不好意思地说："你爷爷教我的。人家读过私塾哩。"她是个文盲。

然后便沿着弯弯曲曲的小径上了缓缓的小山坡，所到之处皆是我不曾见过也不曾听过的槐树：双季米槐，产地中国山东，科属是豆科槐属落叶小乔木；龙爪槐，产地中国华北，科属是豆科落叶乔木；朝鲜槐，产地中国东北；金叶垂槐、蝴蝶槐，产地中国北部……金叶垂槐，叶子在阳光下晶莹剔透，闪亮如金。蝴蝶槐的树叶状如碧色蝴蝶在枝头休憩，有风吹来，颤颤欲飞。

继续走。槐香湖、槐香山、观槐亭……朋友说这槐园有两万多株槐树，与京城槐园、山西洪洞大槐树公园齐称三大槐园。京城槐园我没去过，山西洪洞的大槐树公园我印象深刻。其实那次开会不在洪洞，我是在会议结束后特意转到洪洞去的，为的就是看看那棵大槐树。迎面就是一个根雕大门，根是槐根。——来到这里的人，都是寻根来的。"问我祖先在何处，山西洪洞大槐树。祖先故居叫什么？大槐树下老鸹窝。"很小很小的时候，就听过奶奶唱这首歌谣。唱了不知道多少遍，唱到了我的骨子里。

可是，那棵最原始的槐树不在了。早就不在了。短暂的怅然之后，我的心情很快平复。那棵槐树在不在重要吗？我忽然觉得，这个一点儿都不重要。只要洪洞在，只要洪洞这个地方在，只要洪洞这个地方还有槐树在，只要还有一直想着洪洞大槐树的人们在，那么，最重要的东西就在。

——正如，亲爱的奶奶已经去世，物理意义上已经离我很远，可是我常常觉得她还活着，就在我的脑海，就在我的身边。所以，在这个下午，我悲欣交集地走在这个槐园，没有人知道，我携带着奶奶的声音和影像，充满了对她的怀想。

精彩赏析

这篇文章按照参观游览的顺序来描写槐园的景色，对奶奶的怀想是贯穿全文的情感线索。开篇回忆自家院中的槐树和奶奶蒸槐花，奠定了情感基调。写游览槐园，由"把门槐"联想到老家院里的槐树，联想到奶奶用槐树祈福；由中心广场的《千字文》联想到奶奶从爷爷那里学来的句子；由三大槐园中的山西洪洞大槐树公园联想到奶奶唱了许多遍的寻根歌谣。"——来到这里的人，都是寻根来的。"人们来这里看到的是槐根，想到的是自己落叶归根，赋予槐树重要的象征意义。作者思念故乡，思念故人，字里行间渗透着对奶奶深切的怀念。

一杯白茶

心灵寄语

> 中国是茶的故乡，也是茶文化的发源地。茶是中华民族的举国之饮，发于神农，闻于鲁周公，兴于唐朝，盛于宋代，普及于明清之时。

1

单听名字，茶也是有颜色的。如湄潭翠芽、蒙顶黄芽、君山银针、祁门红茶、安化黑茶……我最晚喝到的，是福鼎白茶。

缘分是最奇妙的事。碰到一种什么茶，也是缘分。喝白茶是因为有一次出差忘了带茶叶，有朋友把自己的茶叶分享了一些给我，就是白茶。她把茶用白棉纸包着，给我的时候反复叮嘱："这白茶已经有三年了，是好寿眉呢。只需放一点儿，你就只管泡，能管一天呢。"

那是我第一次喝白茶。沸水泡上，就有好闻的药香味弥漫开来，茶色是浅浅的黄。刚入口，也不觉得怎样。想着就是茶呗。我还有点儿挑剔，想着这个黄也太淡了些，不亮眼。出乎意料的是，就这几片粗叶子，从早泡到晚，果真也还是这种淡淡的黄。只是到后来，茶味里没有了药香，只余甜香，当然，也还是淡淡的。喝了一整天，不但睡觉无碍，似乎还比平时好了些。

从此，就对白茶上了心。知道白茶的老家是福建福鼎，就念叨着什么时候能去福鼎一次才好呢。这个初夏，就有了到福鼎的机会。所谓的心到缘到，就是如此吧。

2

到福鼎的第一天，在天湖茶叶基地的绿雪芽白茶庄园见识了最有形式感的喝茶，名为申时茶。

早就听说过申时茶，也常喝申时茶——下午三点到五点，就是申时，这时候喝的茶，不都是申时茶吗？如此说来，其实申时茶我是天天喝的，只是从没有这么煞有介事过：用鲜花水洗手，穿上茶服，一干人等围着长桌坐下。左手执杯，右手托杯。依着司仪的口令，呼气，吸气，一杯尽，一杯添，一杯添，一杯尽，就这么一杯一杯地喝下去，似乎可以一直这么喝下去。

这个过程中，司仪的规矩是保持绝对安静。这倒是好的。不过，还是有人调皮地破了规矩，低低地讲着什么，不时嬉笑起来，这倒也是好的。就是这样。不说话也好，说话也好。都好。不说话的好，是专心品茶。说话的好，是不那么矫情。长年累月地焦躁着，突然这么多人一起，以这种形式安静下来，多少是有些造作的。有静不下来的，该说话就说话，这才是道法自然吧。

茶服是暗红色的，材质是厚厚的棉布。空调也关了，坐在那里，该是闷热的。可一心在茶这里，也就不觉得多么闷热了。一杯一杯的，就喝出一身汗来。不过，即使全身都出了细密的汗，也只是觉得畅快。

一共喝了七杯。

突然想，为什么是七杯呢？

七这个数字，有点儿讲究。一周是七天，音乐是七律，色有七彩，人有七情……是这些个道理吧？那么，如果换作六呢？六六大顺，五脏六腑，六道轮回，人有六欲……也能讲得通吧？

不想那么多。阳光很好，只管喝茶。山林寂静，只管喝茶。数不清在这之前，已经喝了多少茶，什么茶，更不知道在这之后，还将喝多少茶，什么茶。只知道，眼前只有这一杯白茶。

千万杯茶，也就是眼前这一杯白茶。

既是茶乡，便好像人人懂茶。这里的人们常用三字一句的节奏介绍他们的茶：色泽翠，茸毛多，节间长，香气高，滋味浓，耐冲泡，条索肥，白毫显……像诗一样。好听。

3

点头镇是福鼎最具特色的白茶小镇，在这里，果然必须得点头。因为除了赞叹，还是赞叹。走的是茶路，歇的是茶亭，唱的是茶歌，吃的是茶点……小镇上的人们过的，俨然就是最彻底的茶生活。全镇80%以上的人口从事的是茶行业，茶叶店铺有千余家，茶叶加工企业有两百余家。官方有开茶节，民间有白茶制作技艺传授节和斗茶赛。简直是人人皆白茶，无处不白茶。人养茶，茶养人，在这里到了极致。

六妙白茶公司的巨大茶窖，一走进去，我这个没见过世面的人就惊呆了。这是中国首家数字化茶窖，采用的是智能专业化的生态仓储管理系统，可窖藏白茶三千多吨。只见一个个藏室里，纸箱装、木箱装、陶罐装、瓷罐装……顶天立地，全都是茶，可以说是三百六十度无死角的茶世界——连走廊的地板都是透明玻璃，玻璃下面是一排气势恢宏的茶叶坛子。封藏大典的特制箱最为贵重，箱体上，一个名字如星光闪耀：梅相靖，梅相靖，梅相靖……我知道，他是福鼎白茶制作技艺的国家级非遗传承人，目前为止，他是获此殊荣的唯一的福鼎茶人。

有意思的是，有他头像的那些茶盒，果然就格外耐看，好像有他在守护着这茶似的，让人格外安心。

出了门，到大堂喝茶的时候，一群人簇拥着一位老人走过来，我便知道，梅相靖，就是他了。那么多人围着他，那么多手机、相机对着他拍，他应该也是见惯了这种场面，只是微笑着，用浓重的我几乎听不懂的方言讲着茶。谦和纯朴的神情，就像一个最普通的茶农。我站得很靠外，我努力辨析着他的声音。他的声音一点儿也不高，低沉，安静，如茶一样。

4

在纪生缘广袤的茶园里，我种下了一棵小小的茶树。这是我在福鼎仅有的劳动机会，我的心意是由衷地珍惜。好茶是天时，是地利，更是人和。要经过多少人的辛苦劳作，才能喝到一杯好茶？像我这等不劳而获的庸俗茶客，很愿意以这种方式——尽管是矫情地作秀——来向福鼎的茶人们表达些微诚恳的致敬。

确实，作秀的成分更多，因为前期工作已经做到了八九成：树坑已经挖好，半人高的茶树也已经虚虚地立在了坑中，剩下要做的事，就是用铁锹把坑边的土培到树坑中去。一位面色黧黑的茶农大哥在一边默默地站着，面带微笑。我便知道，他是真正的主力。

纪生缘的领导陪着我一起培了几锹土，合影留念后，忙碌的领导便走了。我延宕了一会儿，又往树坑里培一些土，然后，请那位茶农大哥和我一起合影。他欣然同意，让我很是荣幸。

我的茶树，是 12 号。

"乔老师，你放心。我们保证你的茶树能种活，年年都能采茶。"纪生缘的朋友们说。

嗯，我很放心。怎么会不放心呢？在此地，茶树宝贵。不管这棵茶树是谁种下的，他们都会善待它。和宝贵的茶树相比，乔老师的薄面实在不算什么。茶树的面子，比乔老师的面子大多啦。

在纪生缘忙活了一场，没有顾上好好喝茶。午饭时候，服务员把我的杯子灌满了茶，说留着一路慢慢喝。小姑娘还递给我一瓶纯净水，纯净水里泡着茶，是白毫。她说，这叫"冷水泡茶慢慢浓"。

5

临别前的那天晚上，晚饭后，我又被一位本地的姐姐拉去喝茶。江湖高人胡师傅还带来了他的得意之作，一一泡给我们品。四五个人，喝着聊着，深夜方散。

我们喝到了什么？十一年的大白毫，纯美无比。还有五年的寿眉，先是药香浓烈，喝着喝着就纯净起来。还喝到了今年的新茶：荒野牡丹。

我说得少，主要是听。听到了什么？太多了。都是茶话，散散淡淡的茶话：

老白茶老白茶，都以为老的最好，其实新的也很好。

是啊，哪一种好的老，不都是从好的新开始的呢？厚古薄今，厚老薄新，都是偏见。

福建茶里，铁观音和老白茶好有一比。前者是一见钟情，后者是日久生情。

用十年的老白毫银针，加雪梨，加新会陈皮熬炖三碗，治牙疼。是个好偏方，灵着呢。

眼睛要是干涩了，用老白茶水熏熏，也灵着呢。

以前白茶只在药店里卖，功能如同犀角。

同仁堂每年都会来这里选购银针，作为药引子。

哈里王子大婚定制的品种，是花香牡丹。

不是容颜容易老，而是白茶喝得少。

用鲜白茶叶炒鸡蛋，很好吃的，这道菜叫黄金翠丝，多好听。又苦又香，苦得深，香得浓。

…………

喝得满满当当，听得满满当当。回到酒店，一夜安睡，醒来，脑子里清明如晨露。

6

回程的路上，抽空看了一个福鼎电视台拍的梅相靖的纪录片。镜头里的他，依然是浓重的地方口音，如果不看字幕，我就一句也不能听懂。他花白的头发在微风中轻轻晃动，白发和他真是相得益彰啊。

他不是静态地接受采访，而是一边干活儿一边说着。他说采茶，说揉捻，理条，说晾青，说一刀一枪也就是一芽一叶，说晾青不能太厚，说晒青最好在北风天，上面有太阳，下面有风。说太阳不能太烈，说不能直接用手去接触茶叶，说温度湿度和时间的作用，说白茶要以晒为主，以焙为辅，说萎凋的白茶至八九成干，萎凋后的茶芽再摊于焙笼之上，文火焙至足干……

萎凋，这个词，让我有点儿走神。萎，凋，在别的语境里，它一定是垂头丧气的，唯有用到这里，它才会是如此可爱。因为你知道，这个萎凋不是真的萎凋，它还有后劲儿的。它的后劲儿，绽放在茶杯里。

我注意到，福鼎的人们总是尊敬地称梅相靖为大师，他的茶，人们誉为"大师白茶"。大师何以成大师？我想，也许恰在于小——大师总是专注做一件小事，他会用心做很久，做到了极致，也就成了大师。

7

福鼎归来不缺茶。回到家里，不过几日，就收到了福鼎的朋友们陆陆续续寄赠的白茶。有六妙，有纪生缘，有朋友的私人订制茶，还有一款来自福鼎磻溪镇大洋村，茶品的名字叫"一叶九鼎"，我附会上自己名字里的叶，不由莞尔。

好茶自然是要和朋友们分享，才是更好。朋友们品着，夸着，笑说："没有对比就没有伤害。你口味刁钻了，以后没有好白茶喝，看你怎么办。"

我也笑。一时无话。我不知道怎么才能说清楚，其实，对我而言，即使有对比，也没有伤害——有茶喝就好。在何时到何地，就喝怎样的茶。称不上是茶的花茶：桂花茶、菊花茶、玫瑰花茶、茉莉花茶、栀子花茶，是好的。搁不住两泡的袋装立顿红茶，也是好的。实在没有茶，只有烧开的白水，也是好的。甚至，更好。谁知道呢？

茶汤在杯，茶意在心。有茶的人，即使杯里没茶，口里没茶，心中也是有茶的。没茶的人，即使杯里有茶，口里有茶，心中也是没茶的。

……不深辨了。权且喝茶。如我此刻，杯里有茶，口里有茶，心中也有茶的，算是有福气的了。是吧？

精彩 —赏析—

本篇状物散文以生动的描写和细致的刻画，叙述作者与白茶的不解之缘。初识福鼎白茶，余香不绝；后到福鼎体验了最有形式感的喝茶，身心畅快；在福鼎最具特色的白茶小镇参观茶生活，惊叹连连；在纪生缘广袤的茶园里种茶树，心怀敬意；晚饭后听散散淡淡的茶话，一夜安睡；看福鼎白茶制作技艺的国家级非遗传承人的纪录片，感触良多。白茶的芬芳就这样浸润着作者的心灵，渗透进作者的生命，化为无形的高洁的精神品格，给作者带来了独特的审美享受。

在桃花峪看黄河

🌸 **心灵寄语**

黄河流域是中华文明的摇篮，中国人称其为"母亲河"。我们勤劳勇敢的祖先在黄河流域劳动生息，创造了灿烂夺目的古代文化。

1

回豫北老家，必过黄河。郑州地界里，有好几座黄河大桥，我都走过。自从有了桃花峪黄河大桥后，每次回豫北老家，我就只走这座桥了。

车一路向北，穿过郑州城区，从连霍高速入口进到郑州绕城高速，向西走二十分钟，再进入郑云高速。又二十分钟后，便穿过桃花峪隧道，上了桃花峪大桥。

桃花峪是黄河中下游分界线，把桥建在这里自有讲究。我个人的选择原因，就实用的层面来讲，自是因为它离我老家更近，让我回去更便捷，却也有非实用的层面：它的外形更时尚，更壮观，它的名字我也格外钟爱：桃花峪——黄河——大桥，这种词语搭配让我着迷。既明艳又铿锵，既坚固又绵长，不是吗？

第一次走这座桥时，正是雾霾天气，一切都在朦胧中，远远望去，日光下的黄河竟是一条白河，似乎是非常沉静地安卧在大地上。两岸的滩地都种着庄稼，在雾霾中苍苍茫茫，无边无际。

——当然，当然是有边际的。堤岸就是边际。土地就是边际。

2

因在黄河边生长，很容易看见黄河，便从不觉得看见黄河是多么特别的事。到全国各地开会，也看过很多次黄河：四川若尔盖的黄河，宁夏沙坡头的黄河，兰州市中心的黄河，山西壶口的黄河，济南城畔的黄河……

曾经在花园口南裹头的渔家乐船上，以最近的距离看了一次黄河。

河边宽得超出了想象，对岸的树像一圈矮矮的蕾丝花边儿。黄河水在船下无声地流着，却让我止不住地心惊：非常快，且有无数旋涡。浩浩汤汤，向东而去。不时夹杂着树枝之类的杂物。虽是极快，但河水却也是非常从容地、悠然地向东而去，只向那水天连接处——从地理方位上，我知道这河水会先到山东，然后是大海，但是，此刻，那河水到的只是水天连接处。

忽然想起了那句俗语："跳进黄河也洗不清。"这说的是黄河的浊。但黄河，它是用来洗澡的吗？

黄河，母亲。黄河，是母亲河——这称谓从幼时就已熟知。虽然早已经对动辄就把什么和母亲联系起来比喻的句式审美疲劳到了无动于衷的地步，但此时，此刻，看着黄河的时候，还是觉得这个比喻真是传神。

这是一个怎样的母亲呢？一言难尽。如果一定要形容的话，我只能说，这个母亲，她不是凤冠霞帔的诰命夫人，而是一个粗布跣足的自然之妇。她是如此家常，宛如天地里最一般的母亲——她当然不是一个最一般的母亲。

3

也曾在柳青先生的故里陕西吴堡看过黄河。事实上，行在吴堡，似乎处处都可以看到黄河。黄河都是那副样子：平平的，缓缓的，好像很好欺负。莫非是春天的缘故？远远地看去，黄河不黄，还有些绿莹莹的意思，这使得它更像是一条普通的河。

怎么可能普通呢？有人说：什么时候都不能小看黄河。

我没有小看它。从不敢小看它。

去二碛看看吧。有吴堡的朋友悠悠地提议。

碛是什么意思？他们说是河滩。

既然有二碛，那一碛呢？

就是壶口嘛。

二碛连个标志都没有，但是到了那个地方，我们就都知道了：这个二碛，就是黄河的二碛。这必须是黄河的二碛，也只能是黄河的二碛。

你以为河很窄吗？那是你离得远。你以为河很静吗？那是你离得远。前仆后继的大浪，声嘶力竭的大浪，不屈不挠的大浪——它们不仅是浪，它们就是河流本身。滔滔巨浪如狮虎怒吼着，进入河道深处。而在河道深处，更是暗流汹涌。

这就是黄河。当你走近，再走近，你会晕眩，你会恐惧，你会知道，这才是黄河的根本性力量。

在敬畏中，我突然涌起一种要把自己扔进去的冲动。如果我把自己扔进去，那我会顺流而下，经潼关和风陵渡，再过三门峡、小浪底到桃花峪吗？

能把我带回河南故乡的，唯有这条河。

4

有一次，在巩义康店镇的黄河边开会，议题里有人谈到杜甫。在杜甫的名字和诗句里，我望着窗外。宽幅的玻璃窗里，黄河如一幅巨大的画，貌似安详地静止在画框里。可我们谁都知道，画框外的上下左右，都是它的世界。这条大河，这条长河，这条深河，它将流淌到外面视线远不能及的远方，直至大海。这就是黄河啊。

又想起了那句俗语："跳进黄河也洗不清。"忽然明白：跳不跳黄河，都是洗不清的。因为一生下来，我就像两岸的黄土一样，身在黄河边，也身在黄河里。我的血液和心脏，全都是黄河的基因。

曾读过远藤周作的小说《深河》，读的时候，涌起一股强烈的渴望：靠近那条河，走进那条河，被那河接纳，成为那河的一部分。

此刻才恍悟：其实，不用想，我已经是了。

会议间隙，出去透透气，我走到酒店旁的山崖边，摸了摸黄土。这怀抱着窑洞的黄土。如我想象的那样，它很硬，像杜甫的诗歌一样硬，像他文字的气息一样硬，怎么说呢，简直是有着石头的质地。当然，我也知道它也很柔软，柔软得像母亲的子宫。

5

自认为对桃花峪大桥已经很熟悉了，可是在这个晴朗的秋日，站在桥南端的邙岭上，倚着黄河中下游的界碑，远远地看着这座桥时，还是深深地被震撼了：东西向的，是母亲河巨大的逶迤曲线，南北向的这座桥，竟然也是巨大的逶迤曲线。一横一竖，宏伟交织，一黄一白——还是喻为一金一银吧——彼此辉映。

河是天意，桥是人力。天意与人力就这样融合为一体，呈现出惊心动魄的美。这场景里，聚集了多少人多少日夜的智慧和血汗？在贫乏的想象里，潮涌起的，只是无尽的感喟和敬服。

极目远眺，在那桥北更远处，正是我的豫北老家。那里，也有着既柔软又坚硬的黄土，承接着黄河，承接着所有的城市和村庄，承接着我们所有人。

黄土，黄河，这就是中国的灵魂吧。

也是我们所有人的灵魂。

精彩
—赏析—

本文多处运用拟人的修辞手法来描写黄河，赋予黄河以人的情态："远远望去，日光下的黄河竟是一条白河，似乎是非常沉静地安卧在大地上。"桃花峪的黄河是"沉静"的，"虽是极快，但河水却也是非常从容地、悠然地向东而去，只向那水天连接处"。花园口南裹头的黄河是"从容悠然"的："前仆后继的大浪，声嘶力竭的大浪，不屈不挠的大浪——它们不仅是浪，它们就是河流本身。"陕西吴堡的黄河二碛是"不屈不挠"的："我的血液和心脏，全都是黄河的基因。""黄土，黄河，这就是中国的灵魂吧。"最后运用直抒胸臆的抒情手法，表达了对黄河的崇敬与赞美。

———————————

吃树头菜

> 鲜美可口的树头菜，是暮春时节的天然馈赠。品尝树头菜的滋味，丝丝清甜化在口中，缕缕春意沁人心脾。

暮春时节，北方的树木正值最娇嫩的时候，满眼都是清新的浅绿。一到这时候，就该吃树头菜了。榆钱、槐花、杨叶、柳芽、桑叶、香椿芽……这些都是树头菜。树头菜的季节性极强，所以务必要趁鲜采食，初步热处理也要恰当用火，一旦过老，便会失味。

曾听一位朋友讲她如何做槐花沙拉：槐花淘净去水后撒上盐，淋点儿香油和花椒水拌匀即成。这样的槐花看起来粉白细绿，吃起来口感清甜。她也做过油煎槐花：槐花淘净去水后拌上点儿面粉，然后平底锅里放小半锅油，油沸后关掉火，让油稍微冷却一下，把拌了面的槐花拍成巴掌大的饼子，在油里煎。煎黄一面后，开小火煎另一面。两面都煎黄，捞出来控油，如此煎完所有饼子，最后把煎好的槐花饼全放进锅里，添汤，撒盐，淋醋，盖紧锅盖，小火焖煮。此品槐花软香可口，有极浓的鱼香味儿。

当然，在中原，最经典的槐花做法还是清蒸：槐花淘净，去水，放盐，拌上一点儿面粉，大火蒸熟，浇上一点儿麻油和辣椒油，搅匀即成。

"你知道拌上一点儿面粉的这个'一点儿'，到底是怎么样的分寸吗？"她问我。

"别卖关子了，说吧。"

我顿时眼前如画，舌生津液。中国菜下料全凭经验和感觉，最不好说的就是分寸。

她说，槐花和面的比例最好是十分之一。当然怎么拌也是一样功夫，拌得好，槐花才能朵朵裹面，粒粒分明。

"什么样的做法配什么样的酒，你知道吗？"

"我哪儿知道啊，就您知道。"

"沙拉适合配啤酒，油煎适合配白酒，清蒸的最好不配酒。"

她说，所有的树头菜中，最值得推崇的莫过于香椿芽。椿树又有香椿、臭椿之分，古人把香椿称椿，臭椿则称"樗"。香椿一般在清明前后发芽，谷雨前后采其头茬肥嫩芽叶，无论是熟食、凉拌、腌菜均可。原味好，营养高，厨师行内把它称为"小八珍"。清代《调鼎集》卷七蔬部就记载了"柚椿""椿头油""椿芽拌豆腐""熏椿""腌香椿""干香椿扎墩梅"等多种做法。明高濂在《遵生八笺》中还有干制储存的方法："采头芽，汤焯，少加盐，晒干，可留余年。"

我点头。什么是民以食为天？这就是了。一把入口的青菜，要讲究起来，那也是不得了了。

窗外柳色茵茵，于是又说起柳芽。当然，柳芽也是很好的。把嫩柳芽用水汆熟淘凉，挤净水分，加蒜泥、香油、醋汁调拌，就是上好的小菜，或用来下酒，或用来配粥，无不相宜。李白有诗"柳色黄金嫩，梨花白雪香"，说的就是柳芽。不过柳芽是不易消化之物，又性味苦寒，不可以一次食用过多。

你知道吗？吃树头菜在我们豫北乡下有个很别致的叫法。等她沉默下来，该我显摆了。

"什么？"

"咬春。"

"咬春，春天不疼吗？"

"春天就是，越咬越欢实。"

精彩 赏析

文章开篇点题，点明暮春是吃树头菜的时节，列举出一些常见的树头菜，接下来详细描写树头菜的吃法：槐花可做沙拉、可油煎、可清蒸；香椿芽可熟食、可凉拌、可腌制；柳芽调拌后也是极好的。突出了树头菜味道鲜美、令人垂涎欲滴的特征。最后提到吃树头菜的别致叫法——咬春，将对春天的喜爱融入吃树头菜的过程里，化抽象为具体，品尝到的是春天的气息，构思新颖奇特，令读者回味无穷。

柴禾妞儿

若干年前，刚刚开始写东西的时候，大约是因为冲劲十足，在编辑那里夺了一些宠，使得有人对我颇多微词。其中有一句流传了很多口的话就是，"她有什么，不就是个柴禾妞儿吗？"——这都是后来才知道的。朋友对我转述的时候，还有些掖掖藏藏，生怕我恼似的。

可我笑了。

"我就是个柴禾妞儿，她说得对极了。"我说。

前两天，和一个仰慕已久的文学前辈聊天，这个词又被他用出来。"好好写，认真写，你除了这支笔，什么都没有。你是一个柴禾妞儿啊。"说过了又忙注解，"你别误会，我没有别的意思。"

我又笑了。

"我就是一个柴禾妞儿，您说得对极了。"我说。

柴禾妞儿，是对农村女孩儿的一个普通俗称。在农村长到二十多岁，我从来就没有忘记过，我是一个典型的、标准的柴禾妞儿。我也从来没有为别人把我看成柴禾妞儿而生过气。把山看成山，山生什么气？把水看成水，水生什么气？把土看成土，土生什么气？把云看成云，云生什么气？——同样，把我这个当初整日在玉米棵的拔节声中醒来，在豆苗叶的甜腥气中睡去的人来讲，除了柴禾妞儿还有更合适的称谓吗？

虽然被移植到城里已经快十年了，但我从来没把自己看成是城里人。城市生活使我常常觉得自己像一个被截肢的人，坐在轮椅上，看着舒服，其实腿脚都麻木得失去了感觉。——而到了乡村，接了地气儿，它们立马就活泛起来，弹性十足地走来跳去。眼睛也清亮起来，远远地就看到了黄瓜花上的嫩刺。耳朵也灵敏起来，隔着街门就能辨出哪位街坊在咳嗽。话也稠了，谁家的柴米油盐，婆媳妯娌都有兴趣叨问几句。手也狂了，摘别人家的枣和果子就像摸孩子们的头一样随意。任凭那些分不清辈分的老者和叫不出名字的同龄大着嗓门吆喝我，我也大着嗓门回应。在村子里悠来逛去的时候，我常常有一种幻觉：我从来没有离开过这个村子，从来没有。若是在这个村子里成婚作妇，也未见得不如现在快乐。

有这样感觉的人，怎么会生气别人叫她柴禾妞儿呢？

其实还常常遗憾地觉得自己把柴禾丢得差不多了，已经柴禾得很不够了。忆起来，大约八九岁是我最柴禾的时候：冬天的夜晚，和伙伴们一起去看电影，早早地便到村委会占地儿，穿着红底白花绿叶子的棉袄棉裤，系着红底蓝格金线的围巾，梳着两把硬刷子，扎着两条脱丝拉缕的红纱绸，砸着两团红脸蛋儿，哆哆嗦嗦地嗑着咸咸的瓜子儿。想想吧，那是多么柴禾！那柴禾味儿是多么地道正宗！

真的不是赌气，也不是解嘲。我就是柴禾妞儿，我喜欢柴禾妞儿这个名字。我甚至觉得，对我来说，没有比这更亲切更温暖的名字了。做柴禾妞儿的时光多好啊。鞋上沾着草尖儿的晨露，脚脖留有麦茬儿的划痕，指缝衔着野菊的香气，嘴角溢着棉桃的笑容……朴实，干净，纯粹，自由。对我来说，还有比这更好的时候吗？

然而再也回不去了，无论多么想。这些柴禾的细节和历史我不怎么提起，不是以之为耻，而是因为懂的人不多，也是因为想在心里品味和珍惜，想把这些柴禾味儿细细地反刍进自己的文字里，和时光玩一个捉迷藏的游戏，在游戏里昔日重返，好好地，好好地待一会儿。

我是土地小小的女儿，我是一个柴禾妞儿。这是我最认可的乳名。这个乳名，是我毕生的，也是最本质的骄傲和荣光。

精彩赏析

"柴禾妞儿"作为线索贯穿全篇，统领全文。"她有什么，不就是个柴禾妞儿吗？"开篇写别人的看法，暗含轻视、瞧不起的意思。"你除了这支笔，什么都没有。你是一个柴禾妞儿啊。"前辈在鼓励中也无意提及这一称呼。而"我"却毫不生气，因为"我"认为自己就是一个"柴禾妞儿"。这个形象生动，接地气儿的称呼，唤醒了"我"的乡土记忆，它鲜活灵动、亲切温暖，代表着朴实、干净、纯粹和自由的美好品质。通过对"柴禾味儿"的肯定，表达了作者对乡村生活的怀念。

▶预测演练一

1.阅读《在槐园怀想》，回答下列问题。（14分）

（1）第二段为什么要写"我"爬槐树、吃槐花的情景？（3分）

_____

_____

_____

（2）请简析下列句子中加点词语的含义。（4分）

①唱了不知道多少遍，唱到了我的骨子里。（2分）

_____

_____

②在这个下午，我悲欣交集地走在这个槐园。（2分）

_____

_____

（3）文章多处写到民谣、顺口溜。请分析第七段引用的民谣的作用。（3分）

_____

_____

_____

（4）第十一段"最重要的东西"指什么？请结合文章的主旨做简要分析。（4分）

_____

_____

_____

2. 阅读《在桃花峪看黄河》，回答下列问题。（11分）

（1）理解"黄河是母亲河"的形象，可从第二部分摘抄哪两个关键词？说明理由。（3分）

_____

_____

（2）作者在巩义看黄河时，为何认为自己"像两岸的黄土一样"？联系上下文，阐述你的理解。（4分）

_____

_____

（3）文章以《在桃花峪看黄河》为题，却用大量文字写在其他地方看黄河的经历，有何用意？（4分）

_____

_____

_____

3. 写作训练。（60分）

用"日新月异"来形容"变化"最恰当不过了，从宏观的角度讲，世界每天都在发生变化；从微观的角度讲，身体细胞每天也在发生变化。我们的个子长高是变化，我们从初中来到高中是变化……你知道吗？你的家也在悄悄发生着变化。

阅读《在槐园怀想》，以"我家的变化"为题写一篇文章。文体不限，不少于800字。

太阳落在了哪座山

🌸 **心灵寄语**

古语有云："日出而作，日落而息。"太阳落山的时刻，是白天结束的标志，人也该回到家里，回到心灵的栖息地。

作为一个在豫北乡下长大的柴禾妞儿，我童年游乐的重要基地，自然就是田野。除了午饭时分，整日里就是在地里从早玩到晚，用奶奶的话说是"起五更，落黄昏"，挨到天黑也是常事。之所以玩到天黑，也不是有意的，谁让乡村的天是那样黑下来的呢？你玩着玩着，虽然觉得天色开始暗了，但总以为离天黑还早着，却很难察觉到，天光就是那么很温柔地，很有层次地，一点儿一点儿暗下来，让你觉得还可以再玩一小会儿，再玩一小会儿。就这么延宕着，延宕着，不知不觉，四周已经是黑茫茫一片。直到听见大人们在村口和田边的呼唤声，我们方才奔逃回家。

"再怎么着，太阳落山也该爬回来！"奶奶唠叨着。

"咱们这里哪里有山哪，没有山太阳怎么落哪，太阳不落山可怎么回家哪。"我打岔。把奶奶气得笑起来。

有时候，跟着奶奶在地里干活儿——其实也干不了什么活儿，无非是挎个小篮子打点儿猪草，摘个黄瓜、茄子、西红柿什么的，她也会干到暮色四合，才会叹口气，说："太阳落山啦，该回家啦。"

"奶奶，为什么要说太阳落山？"

"自古都这么说的。"

"那太阳落的，到底是哪座山？"

"你看见哪座山，就是哪座山。"

"明明没有山啊。"

"你没见过山，不等于没有山哪。"

"山是什么样的？"

"等你长大就知道了。"

…………

终于长大了，终于也见过了很多很多山，太阳落山的话，更是听人们说过无数次。哪怕是在海上，眼前太阳落下的地方明明是大海，人们还是会习惯地感叹：太阳落山了。

太阳落山了。太阳落山了。——这话，挂在嘴边再怎么说，也不走心。不过是句无足轻重的闲话，哪里犯得着走心呢，几乎把它给忘了。直到有一天，被孩子问起：

"太阳落在了哪座山？"

不由得想起了奶奶的那两句：

你看见哪座山，就是哪座山。

你没见过山，不等于没有山哪。

不得不承认，她老人家给予的确实是美妙的答案，可谓是典型的愚问贤答。如果要把她的话详解一下，也许该是这样的吧：

如果你在西藏，看见的是喜马拉雅山，太阳落的，就是喜马拉雅山；如果你在新疆，看见的是昆仑山，太阳落的，就是昆仑山；如果你在山东，看见的是泰山，太阳落的，就是泰山；如果你在北京，看见的是香山，太阳落的，就是香山。恰如生活在郑州的我，太阳西沉的时候，看见的是邙山。那太阳落的，就是邙山。

——你心里有哪座山，太阳就落了了哪座山。

如果你心里有全世界的山，太阳就落在了全世界的山。

其实，眼前有没有山，都不重要。重要的是，太阳落在山里，这就对了。山那么高，那么深，那么重峦叠嶂，阔大丰饶。太阳落在山里，最般配。

更重要的是，心里有山。我知道有太多人，哪怕双脚走遍千山，心里也不曾真正地有过一座山。

精彩
——赏析——

小时候，"我"问奶奶太阳落在了哪座山，奶奶的回答是："你看见哪座山，就是哪座山。"长大后，孩子问"我"太阳落在了哪座山，我才感悟到："你心里有哪座山，太阳就落在了哪座山。"不管眼前有没有山，人们都习惯说太阳落山，因为"山那么高，那么深，那么重峦叠嶂，阔大丰饶。太阳落在山里，最般配。"最后，引发哲理的思考：眼前有没有山不重要，重要的是心里有山，让读者回归内心，注重心灵世界的建设，做胸中有丘壑的人。

肉夹饼闲话

❀ **心灵寄语**

小小吃食学问大，地道的肉夹饼是两种食物互为衬托，又将各自的滋味发挥到极致的绝妙组合。

1

说起来，肉夹饼虽然名头叫肉夹饼，可打眼一看就知道，明明是饼里面夹着肉好吗？就字面意思而言，肉夹饼简直是明目张胆地不尊重事实。可有意思的是，汉语就是有这么一种奇怪的魅力。首先，一看到肉夹饼这个词，谁都不会误解，都明白它指的就是饼夹肉。其次，你若真叫成饼夹肉试试？反而会让人觉得黯淡了，平庸了，更重要的是，显得不痛快了。这时候再回过头琢磨肉夹饼——肉字当前，主题就是这么鲜明，这么响亮，这么夺目，这么具有打动人心的力量啊。

肉夹饼是我家餐桌的一份日常，且都是在外面买的。其实肉我也会做，饼我也会做，可是，地道的肉夹饼还非得从外面买才最是那个味儿。

为什么呢？

因为专业。

现在提倡一种说法，叫工匠精神。我将它解读为专业精神。专业，这真是一种至高的赞美。不是吗？凡是哪一行哪一位的手艺出色，人们便习以为常地称之为"专业"，专家之谓也是如此而来：专业之家。那么，好吃的肉夹饼自然也必得是专业出身，专家出手才是。

肉夹饼是典型的小吃，小吃源自民间。我曾和一位荣获"中华名厨"称号的豫菜厨师聊天，他说："自己手艺再好，也要知道山外有山。民间从来就有很多高手，虽然没有进入这个圈子，但手艺也很让人称道。他们擅长的一般都是单品。"说着说着他便神往地一笑："博爱县有一家炸枣糕的，是发糕，就两口子，一辈子就卖这个东西。油温啊，面的柔软度啊，他们就是把握得最绝。我年轻时候，喜欢东跑西颠地到处吃，到处看。有一次我就到了博爱，求人家收我当学徒，人家还真把我留下来，手把手地教我。这些民间高手，不懂什么理论，就只会手把手地教。我在那里待了七八天，七八天里就整天看了做，做了看，可事情就蹊跷在这里。看着简单，做着也简单，配料也不稀奇，可你就是做不出来人家的味道。在店里，人家手把手教的时候还差得不太远，离了那个店，我回郑州后自己又做了两回，简直跟人家的味道拾鞋也不配。我不得不服气，人家就是炸枣糕的专家。"

这么说，我见识过的肉夹饼专家可也有不少。

2

单位对面有一家小馆子，名叫"灵宝羊肉汤"，我午饭经常在那里吃。是图个方便，也是因他家的汤饼好。在郑州，凡是以"灵宝"

为招牌的店，是必定会有羊肉汤的。相传老子骑青牛西出函谷关后莫知其所终，函谷关便在灵宝。灵宝是豫陕晋交界之地，一大锅美味的羊肉汤已经熬炖了两千多年历史。用舌尖儿稍微一想就能够知道：这羊肉汤被一代一代人热乎乎地从古喝到今，肯定有着了不得的好处。反正我只要一进店，就能听到老板像背顺口溜似的对客人说，喝了这汤啊，春天可开胃健脾，夏天可促汗排毒，秋天可温补气血，冬天可暖中祛寒……

再好的汤，终归是汤。总得有更结实的吃食来配。这汤可以下烩面，也可以就饼，我爱要一碗粉条清汤，再来一个肉夹饼。这里的肉夹饼有羊肉的，也有猪肉的。我要的都是羊肉的——和别人吃饭当然不能作精作怪，我自己吃的时候却有一个毛病，什么都喜欢只吃一种。荤呢只吃一种，鸡鸭鱼肉只选一个。面食呢也只吃一种，要吃饼就是吃饼，要吃面就吃面。总觉得这样食材和食材之间才不会窜味儿，也才对得起食材。当然也才对得起自己的胃。

他家的饼是不大不小的油酥烧饼，不知道他们在厨房是怎么做的，等我拿到手里的时候，饼已从中间薄薄地片开，底部却还连着，这叫开而不断。饼肚子里满是碎碎的羊肉，点缀着一些碎青椒。吃这样的饼，要一小口一小口地吃。一是品味儿，二是不易掉渣。酥饼碎肉，最容易掉渣——有一个办法，吃的时候，饼在上，汤碗在下，这该叫好渣不掉外人田吧。

一小口一小口咬下去，便能知晓这饼的好。肥而不腻，香而不膻，辣而不辛，料重味醇。再一小口一小口地喝着汤，虽然是粉条清汤，可是清汤里却绝不是只有粉条。还有着翠绿绿的葱花蒜苗，有着黄澄澄的金针菜，有着黑黝黝的小木耳，喝起来浓而不腥，新鲜清爽。吃着这饼，喝着这汤，我真心觉得饼性属雄，汤性属雌，他们二者真是佳偶天成。

3

我家附近也有一家小店，说是店都有些过分了，不过是个雨棚子依着墙搭起来，非常简陋。逢到市容检查的时候还要回避两天，有些不安定。可是他家的吃食却是让人极安定的。只要开张，火炉永远是旺旺的，烧饼永远是焦黄的，香菜末永远是碧鲜的，洋葱永远是粉白的，无可挑剔的豆腐皮和卤肉永远是在圆罐子里乖乖等待着我们光临的。一对夫妻，男掌饼，女掌菜。两口子都长得敦敦实实的，黑红脸膛，眼睛明亮，爱笑，很是健康可亲，一幅长生不老的样子。无论买不买，我都很喜欢站在他们的摊子前，和他们唠上几句——当然，最后总还是要买的。

"大姐，下班啦？"

"嗯，你们啥时候下班？"

"啥时候卖完啥时候下班。也快啦。来点啥不？"

"来个肉夹饼吧。"

"中。要几块钱的肉？"

作为配菜的香菜和洋葱永远免费。价位有所区别的是卤肉。六块钱一份的是肘子，七块钱一份的是肥肠，最普通的就是猪头肉，五块钱。我一般会买猪头肉。有时候也会换个样子，买肘子或者肥肠。有一次我零钱不凑手，又不想把整钞破开，就只买了四块钱的猪头肉，他们也喜盈盈地应承着，把香菜和洋葱的量加得足足的，让饼肚子圆圆的鼓起来，可爱极了。

这种饼，我都是给儿子买，自己很少吃。一周总要买上几次。去年冬天，快元旦的时候，碰到了市容整顿，有半个多月他们都没有开张，每到晚饭时候，儿子就会惦念：他们啥时候来啊？真想他们。

我也很想他们。

等到他们再次开张的时候，我几乎是欢呼雀跃地奔跑过去，说："你们可算是来了。"

"是呀。可算是来了。"

"你们都有点儿胖了呢。"

女老板笑道："坏事也有好处。虽然少挣了钱，可是总算有功夫歇了。这些天，我们吃了睡，睡了吃，能不胖嘛。"

胖了的他们更可亲了。

有时候他们也会喊我美女，我也应承。有一次我穿的衣服老气了一些，他们喊我阿姨，我也无怨无悔地答应。我真希望，他们能一直在这里，哪怕有一天他们喊我老人家。

——突然想起来，我家附近有一家大饭店，此店的特色是果木烤鸭。果木烤鸭倒是寻常。他家的高炉小烧饼却是我的最爱，因这小烧饼也是用果木来烤的，这就比较阔绰了吧。因是允许参观的明档，便可以清楚地看到发好的面团在饼师傅手下成为饼的全过程：掐揉、擀片、包芯、砍花，之后，只见他利落地给饼面涂上一层蜂蜜，再粘上一层芝麻，贴入炉内。这样的饼，怎么能不好吃呢？不点它就是罪过。而每次吃到这种饼，我也就忘了减肥。

这家的饼还有一个特点甚合我意：这饼夹的不是肉，而是榨菜丝儿和青椒圈儿。榨菜丝儿是淡淡的咸，青椒圈儿是淡淡的辣，饼是淡淡的果木清香。这几种放在一起，隐隐地有一种清苦之味，格外悠长。我觉得，这样最相宜。如果配上肉，就太浓烈了，也太奢侈了。太奢侈的东西，总让我不安。

4

外地肉夹饼里，记忆最深刻的当属西安，此地不叫肉夹饼，而叫肉夹馍。腊汁肉夹白吉馍是其代表作。白吉馍源是用上好面粉揉制后烤成，松脆微黄，内里娇嫩。标准的馍样被称作"铁圈虎背菊花心"。腊汁肉呢，则红润软糯，浓郁芬芳。这样的肉夹馍自然是没的说。可对我而言，最有趣的却不是它，而是西安人。之前我在西安吃过一次羊肉泡馍，掰馍的时候被邻桌的大叔看出没有经验，便主动坐过来，不厌其烦地对我谆谆教诲：羊肉泡馍三种吃法，一是干拨，就是汤泡好馍后不见汤，汤和馍的量正好，那么掰馍的时候就要把馍掰成黄豆大小。二是口汤，即汤泡好馍后只剩下一口汤，那么掰馍的时候就要把馍掰成花生大小。三是水围城。即汤宽大煮，馍在汤中如岛。如此掰馍的时候就要把馍掰成蚕豆大小。至于掰馍，则有掰、撕、掐、搓等多种手法，泡出来的口感各有千秋……那碗泡馍吃得我可谓心满耳满。

近日出差到西安，我办完事，便按照服务员的推荐，寻摸到一家主营腊汁肉夹白吉馍的小店。小店真是小，只有几个象征性的座位，绝大多数客人只能买了馍站在外面吃。馍刚拿到手，我正准备开吃，旁边一位满头银发的老太太看了我两眼，便开了口：

"姑娘，你不能这么吃馍。"

"怎么了阿姨？"

"你这叫竖持而食，肉汁儿会流下来的，既不雅观，也可惜了东西。"此刻，她的馍也拿到了手。她便比划："你看，应该这样。"她把馍平放到自己手中，继续说，"这样拿着，从两边吃起，慢慢儿吃，稳稳地吃，肉汁儿才能充分地融化到馍里，不会流出来。吃样儿也好看，尤其是姑娘家。"

"您是老师吧？"

"退休十年了。"

"您怎么不吃啊？"我看她只是比划，心里还替她痒痒着。

"给我孙女买的。我老了，吃不动了，闻闻味儿就好。"她笑道，"好好吃，粒粒皆辛苦啊。"

"是啊是啊，粒粒皆辛苦啊。"我忙不迭地点头，目送着她缓缓远去。

精彩
——赏析——

本文以总分式结构谋篇布局。作者先用一句话总领全文："好吃的肉夹饼自然也必得是专业出身，专家出手才是。"接下来，作者用平实质朴的语言描述了几次和肉夹饼专家打交道的经历："灵宝羊肉汤"小馆子的汤饼搭配在一起吃，味道极好；家附近简陋小摊的老板夫妻敦实可亲，肉夹饼也是让人极安定的；在西安吃馍时，旁人热心肠地讲述吃法。作者通过对肉夹饼这一吃食的描述，展现出了不同地域的饮食文化，饮食不仅是一种烹饪的工艺，更是一种文化。

文学就是这么一棵树

❀ 心灵寄语

> 文学这棵树扎根在时代的土壤里，在尘世的喧嚣中寂寂无声、静默无语，在心灵的荒原里肆意生长、枝繁叶茂。

一个男孩一生下来，一棵树就爱上了他。男孩常来和树玩耍，他用树叶编织头冠，在树枝之间荡秋千，或是采摘树上的果子吃。玩累了，他就在树荫下休息。他很高兴，树也很高兴。

但是，随着孩子渐渐长大，他不怎么来找树玩了。有一天，他路过树下，树喊他道："孩子，来玩啊，来和我玩啊。"

男孩说："我不能再玩了。我要去挣钱。你能给我钱吗？"

树说："我没有钱。我只有果子，你把果子采去卖钱吧。"

男孩就把果子采了下来，果然卖了钱。

又过了一段时间，男孩又从树下走过，树又喊他玩，男孩说："我不能玩，我要成家立业，盖屋取暖。你能帮我盖个屋吗？"

树说："你可以把我的树枝砍下来盖个屋。"

男孩砍下了很多树枝，果然盖了个屋。

又过了一段时间，男孩对树说想要造个船去远方旅行，树就让他把树干砍了，造成了船。

很久很久之后，男孩旅行回来了，又来到了树下。树轻轻地说："孩子，我什么也不能给你了。我很抱歉。"

男孩也轻轻地说："我什么也不要，只需要一个地方踏踏实实地坐一会儿，休息休息。我太累了。"

树笑了。树说："孩子，来吧。我这个老树墩，正好能让你坐下来歇歇脚。"

忘记了在哪里读到的这个故事，但我一直记得这个故事。每当想到这个故事，我的心中都会涌起一种难以言喻的感动。这很像是在描述我和文学的关系。最初的最初，我是和文学在快乐游戏，慢慢地，稿费、版税、影视改编权和各种荣誉如同树的树叶、树干、树枝和果实，都成了改变我生活状态的实用生计。但最终，文学就是那个根扎大地的老树墩，能容我停下来，踏踏实实地坐一会儿——不，可以坐很久很久，随便多久。

在小说《最慢的是活着》中，有几句话描述祖母的话用来描述文学对我的意义也尚贴切："……哥哥们偶尔会靠着她的肩膀或是枕在她的腿上撒撒娇。——她现在唯一的作用似乎只是无条件地供我们撒娇。多年之后，我才明白：能容纳你无条件撒娇的那个人，就是你生命里最重要的人。"

文学就像是祖母的怀抱，没有比这样的怀抱更适宜撒娇的了。黑暗的、光明的、快乐的、悲伤的、委屈的、得意的、漂亮的、丑陋的、精致的、拙劣的——无需再用正反词来丰富这个句子了，反正无论是什么样的娇，都可以在她这里尽情地撒。如同我曾在一篇小说的创作谈中所言的那样："……她有着能让我放毒，撒气儿，把心里带妖艳花色调的邪火儿和野性儿开出来的广袤空间。——这便是一种最珍贵的精神礼物。她是一个母亲。宽容的伟大的母亲。在她的怀抱里，我最大程度接近了赤裸，接近了诚实。"

曾无数次听人哀叹文学的无用。说它面对我们的当下生活，就像一个不能人道的皇帝面对后宫三千佳丽。这样的哀叹总让我无语。当下的生活是一个多么生机勃勃的彪悍青年啊，"更快、更高、更强"是通用的号令，如果我没有理解错的话，这所有的更快、更高和更强都仅仅是物质的。他们所构成的，是一个庞大而时尚的物质外壳。这种更快、更高和更强，不是文学的。永远也不会是文学的。文学，除了从几本销量羞涩的刊物里衍生出几部无关痛痒的影视作品，她还能有什么用呢？她就是一个在青年后面慢慢行走着的人，不要指望她对当下的生活有什么直接的立竿见影的影响——尤其是面对一个没有耐心的急吼吼的时代。她永远也影响不了股市、房价和菜金，她就那么慢慢地走着——不，她甚至不走，她就在原地站着。

文学就是这么一棵树。我们很多人都是爱着树同时也被树爱着的那个孩子。只要有了这种爱，无论我们走多远，最终都会回到这棵树下。——我有归处，一想到这个，我就觉得无比踏实和幸福。我知道：我不能也不敢指望更多了。对我来说，这就够了。难道不是吗？

精彩
—**赏**析—

　　文章开篇引用故事，增强趣味性，由男孩与树的故事引出"我"与文学的故事。作者运用比喻的修辞手法，把文学比作树，化抽象为具体，形象生动地写出了文学带给"我"的呵护与滋养。"文学就像是祖母的怀抱""她是一个母亲""她就是一个在青年后面慢慢行走着的人"。在探讨文学的意义时，作者又多次运用拟人的修辞手法，赋予文学以人的情态，肯定了文学的包容性。"文学就是这么一棵树。我们很多人都是爱着树同时也被树爱着的那个孩子。"结尾点题，首尾呼应，寓意深刻。

花洲书院的足迹

💮 **心灵寄语**

> 游览花洲书院，咏怀范文正公，"先天下之忧而忧，后天下之乐而乐"的吟诵犹在耳畔，声声嘹亮，字字铿锵。

"庆历四年春……"不夸张地说，稍微有些文学常识的人，大都熟稔中国文学史上这个著名的首句——不朽的《岳阳楼记》的首句。可是有多少人知道呢？《岳阳楼记》的诞生地，是在河南邓州的花洲书院。

别无选择。我到邓州的第一站就是花洲书院。北宋庆历三年，时任参知政事要职的范仲淹主导了"庆历新政"的改革运动，因触犯了地主官僚阶层的利益而遭遇失败，庆历五年初，他被罢职，至11月，范仲淹赴邓州做知州。百花洲之前就有，只是几近废毁，他到任后重新做了整修，并在百花洲旁创建了花洲书院。北宋庆历六年9月，范仲淹受滕子京之托，在花洲书院写成了名传千古的《岳阳楼记》。

进了书院大门，先是一道城墙，这是邓州保存最完好的一段明代土城墙。从墙根儿到墙头儿的斜坡厚土上，草木茵茵，小花朵朵。

站到墙顶的平台上，视野顿时开阔。我一眼就看到了中心广场的一尊塑像，毫无疑问，那一定是范仲淹。曾经有一段时间，我很抗拒塑像，怀疑凝固僵化的塑像有何价值？年岁渐长之后，才知晓了塑像的深意。一个人在逝去多年后还能在众人的仰望里变成一尊塑像，这尊塑像又岂止是塑像？它身上聚集了多少精神能量和情感信息啊！

走下城墙，就进到了花洲书院。现在的花洲书院已经是国家4A级景区，且位列第八批全国重点文物保护单位名录，自然是处处精致。我们停留最久的地方，一处是范文正公祠，即范仲淹纪念馆，馆内图文并茂地简述了他的生平事迹。看着看着就令人不禁莞尔。范仲淹这一辈子可真是够折腾，反复被贬，据统计，他曾在26个地方任职，每到一处他都秉持着"求民疾于一方，分国忧于千里"的信念，使得所在之地政通人和，欣欣向荣。在邓州也是如此。他到邓州不过年余就"化行俗美，吏畏其威，民怀其德"，正如他在《酬李光化见寄二首》其一中写下的可爱诗句："庭中无事吏归早，野外有歌民意丰"。——公务员没有那么忙，可以早点儿下班啦。老百姓生活富足，在田野里唱歌呢。

另一处就是"春风堂"，这是花洲书院的讲堂。其实里面只是一般的桌椅陈设，貌似平平无奇。只有了解了它的渊源，才会有不同的感受。——背景是一道光，能把黯淡的一切照亮。原本，对于"春风"一词，我印象最深的典故是袁枚写的《春风》一诗："春风如贵客，一到便繁华。来扫千山雪，归留万国花。"在这里才知道，"春风堂"的典故源于汉武帝的"宣圣春风"，寓意"孔子如春风，至则万物生"。对于孔子的赞美，还有"天不生仲尼，万古如长夜"。

春风一样的孔子，明灯一样的孔子，他置身于乱世，八方奔波所行甚广，似乎走到了每一个角落。当然，细察下来就会知道，对于当今中国的属地而言，他还是有很多地方没有抵达。可是，他的足迹有没有到哪里有什么关系呢？他的光芒会让他在虚拟地理上行遍四海，在时间跨度上纵贯千秋。

从这个意义上讲，范仲淹亦如是啊。

从书院通往百花洲要经过一道月亮门，门两侧镌刻着范仲淹的诗句"万竹排霜仗，千荷卷翠旗"。我便搜了一下整首诗，题目为《献百花洲图上陈州晏相公》。那时候的人多么有趣。滕子京献《洞庭晚秋图》给范仲淹，因此得《岳阳楼记》，范仲淹又献百花洲图给故友晏殊，并自己题诗，这就是古代知己之间的交流方式吧。较之于现在手指轻轻一触，便可以在手机上给朋友们转发分享，古人的这种尤为缓慢，虽然效率低，却显然质量更高，情感含量更丰沛，也更让人珍重。

邓州古称"穰"。这首诗的开端便是："穰下胜游少，此洲聊入诗"。有些自谦，意思是说我这块地方没有什么好风景，只有百花洲还有些诗情画意，值得我描述给你听听。接着就是说花说水，说鹭说龟，说鹊说鸥，说鱼竞跃，说柳闲垂，说秋菊，说冬梅，说阑干亭宇，说芳草画船……对于修整好的百花洲，这首诗的字里行间都透露着范仲淹的满意，甚至得意，欢喜之情跃然纸上。对百花洲如此之爱，他却并不闭之独赏，据相关史料记载，他把它开放成为一个平民百姓皆可游玩的公园，然后呢，他也呼朋唤友，在其中与民同乐。这种做派，真是很范仲淹呢。正如他在《依韵答提刑张太博尝新醅》一诗中所写："但愿天下乐，一若樽前身。长戴尧舜主，尽作羲黄民。"他离世多年后，黄庭坚来到花洲书院，也写下了一首诗："公有一杯酒，与人同醉醒。遗民能记忆，欲语涕飘零。"对应着范仲淹的诗句，如此回声，多么悠长。

黄庭坚还曾评价他："当时文武第一人"。不止黄庭坚，古往今来，有太多人对他表达了太多赞美。这位杰出的政治家、军事家、文学家、教育家，能建学、能治水、能赈灾、能打仗，诗词、文章和书法更不必说，元好问评价他："在布衣为名士，在州县为能吏，在边境为名将，其才其量其忠，一身而备数器。"王安石评价他为"一世之师"，苏轼评价他："天下信其诚，争师尊之。"能被推崇至此的，到底该是个怎样的人？

花洲书院的最深处是文庙。在孔子面前，我们自是伫立良久。往回折返的时候，走的是西侧路线，其中有姚雪垠文学馆，也是一处意味深长的所在……于是，就这样，我们走走停停，流连忘返。到了不得不离开的时候，才发现，我们在花洲书院，居然呆了整个上午。

下午行程紧密，去了好几个地方：时尚的城市规划馆、古旧的福胜寺塔、清雅的明珠湖……我发现，在邓州的很多地方：餐馆、酒店、茶舍，某个机关的办公室，甚至是一个小吃铺，都可以看到"先天下之忧而忧，后天下之乐而乐"这句话。后来想想，在邓州，这简直是最自然的事了吧。再想想，这句话镌刻的地方，岂止是在邓州呢，甚至也不只是在中国，而是在"天下"。

突然又想到"人文"一词，是不是可以这么歪解一下：人在前，文在后，自然是先有人才有文，也才有了人文。因此，什么人到了什么地方留下了什么，这就是关键。哪怕这个人只是在此地呆了一两年，不，哪怕只是一两天，只要他留下了他的感受，他的体会，那么此地就有了关于他的人文。人文是生生不息的核心财富。——从这个意义上讲，范仲淹留给邓州的财富，怎么能算得清呢？

离开邓州后，我在网上发了一个帖子，很快就有名叫"叶落苍台"的邓州网友留言：因为你来了邓州，星期天我特意去了一趟花洲书院，你走过的路，我也走一遍，也算是相逢。

多么可爱，多么温暖。范仲淹之于我，是不是也是如此呢——明知道没有可比性，却也还想厚颜无耻地比一下。只是因为，太敬慕他了。想来，千百年来，必定有无数人因为他而走进了这花洲书院，也因为跟随着他而留下了足迹。足迹无痕，被岁月的风沙吹散。足迹也有痕，印在不灭的纸上和心里。正是这些足迹，才让花洲书院的花开得越来越香，水流得越来越长啊。

精彩
赏析

本文开篇介绍了花洲书院的由来，花洲书院因北宋著名政治家、军事家、文学家、思想家、教育家范仲淹而闻名。书院中的范文正公祠记录了范仲淹的生平事迹，体现着他"求民疾于一方，分国忧于千里"的信念。文章还引用多位名人的评价，"当时文武第一人""在布衣为名士，在州县为能吏，在边境为名将，其才其量其忠，一身而备数器""一世之师""天下信其诚，争师尊之"，高度赞美了范仲淹的精神品格，表达了作者对范仲淹的敬慕和钦佩。

平凉看树

有些地名着实好，哪怕不曾去过，单读名字就是一种享受。甘肃的好地名尤其多，兰州自是好，酒泉、玉门、天水、武威，也是一个赛一个好。这个五一节，我所到的平凉，当然也好。平，凉，听听，这两个字一出口，就是安详、清爽。也确闻，平凉即使在盛夏，温度最高也不过二十五六度，实是避暑佳地。按农历，五一节正是三月末，尚是暮春，在河南已经觉得初热，平凉这里却还是有些微寒。

平凉三日，马不停蹄，吃了许多好吃的，看了许多好看的，听了许多好听的，回到家盘点起来，印象里最深的，居然是一些树。——如今，许是性子较之以前没那么燥的缘故，越来越喜欢树了。

先是苹果树。本地的朋友在车里备了许多苹果，气息芬芳、色泽红艳、汁水丰足、口感脆甜。他们说，这是静宁苹果。静宁吗，就是著名的苹果之乡。于是在去苹果之乡的路上，我们一边啃着苹果，一边听他们聊苹果。不愧是苹果之乡，我第一次听说苹果居然还有那么多吃法。拔丝苹果是最平常的，此外还有苹果包子、烤苹果、沙拉苹果，甚至苹果羊肉抓饭……说到苹果的甜，本地朋友们笑说："苹果其实不能光讲究甜，还要讲究酸，准确地说，是酸甜度。只有最合适的酸，才能显出最美味的甜，静宁的苹果，就是酸甜度最合适的。"——细细品来，这几句话，还颇有些哲思之趣。

因是万亩苹果基地，因此我一直想象着无边无际的苹果花，然而并没有。无边无际的，只是苹果树。树并不粗壮，花开得也并不繁丽。行家们说，这才是对的。"要结果子的花，都是这样的，把劲儿用在了果子上，花本身就比较朴素。牡丹花倒是开得大，却也只是白白地开花，哪里会给你结果子呢。"

并不粗壮的苹果树却不少结果子。本地专家们介绍说，在精确的科学管理下，每一棵树都能结出几十斤大苹果。看着这窈窕淑女一样的果树，总觉得她们就像一个个刚刚成年的少女，开花，结果，生儿育女，迸发出无尽能量。不知怎么的，由此说开，就说到了本地的女子们，本地朋友很由衷地自豪夸赞道："我们这里的婆娘和苹果一样，昼夜温差大，日照时间长，酸甜度好着呢！"

这比喻，貌似毫无道理，却又莫名地传神。众人大笑。

去庄浪县云崖寺的路有点儿漫长，虽不是山高谷深，却也曲折婉转。路两旁的山坡上尽是盛开白花的矮树，都是野梨树，仿佛枝枝挂雪。到了云崖寺，就有了金黄的连翘和红色的桃花。这桃花的红啊，真不知道该怎么形容，也只有用桃花本身来做定语——桃红，是吧？

"人间四月芳菲尽，山寺桃花始盛开"，在这里，我终于深刻体会到了山寺桃花的美。"桃之夭夭，灼灼其华"，可这桃花并不轻浮，因为它的干净。看着这干净的桃花，就觉得自己的心像被洗过了一样。游人不多，有人感叹说，这桃花美得有些寂寞。我倒不觉得。花开有人赏，固然是好。可没人赏也不遗憾。有清风赏，有鸟儿赏，有蜜蜂赏，有蝴蝶赏——在寺前，更有佛赏。总之，不管谁赏，首先是为自己而开，这个最重要。自己在了，才能"自在"。这里的桃花，想来都是自在的。

崇信的槐树王在锦屏镇关河村地界。离它还很远，我就停下了脚步。那么粗，那么壮，它真不愧是王。稍微走近一些后，我便用手机从各个角度拍它，却都不能把它拍完整——除非离得很远，很远。本地朋友说，这树围已逾十米，需要七八个人手拉手才能将它合抱。若不是它周边守护着一圈宽宽的木栅栏，我真想约着同行的朋友们去抱抱它。不过，被栅栏守护着也好，人们只能远距离地观望，让它更具王者之势。据说曾经有人将它卖了——真不知道是什么人敢对王动了买卖的心思——生意谈定后，买主派工人们去锯树，第一天留下的锯痕，第二天工人们去找，竟然消失不见了，吓得工人们落荒而逃，这笔生意也就不了了之。

我绕着木栅栏走了三圈，向王致敬。本地朋友建议我边走边祈福，说是很灵的。我答应着，却只是让自己默默地纯粹地走着，没有去祈福——我怕自己太贪婪，想祈求的太多。那干脆就沉默吧。在它的身边，沉默着走走，也是好的。

木栅栏上挂满了被面，金闪闪、红彤彤，很是喜庆。这都是人们的祈福之礼。有些好奇：也不知道祈福的都是什么人，更不知道这树何时成了人们心中的神。从一棵青葱的小树长起，长着，长着，它就长了三千多年，把自己长成了王，长成了神。——似乎有一种惯常的说法，说中国民众没有信仰。怎么没有呢？有的。风神、雷神、雨神、花神、土地神……天地自然的一切，都是啊。

还有什么树呢？崆峒山的松树和柏树，赵家墩梯田观景台边的杏树，对了，忘记了在哪里还看到了一株高大的忍冬。这本该是灌木一样的植物，却长得像一棵树一样。忍冬夏季开花，先白后黄，因此还有一个名字：金银花。到了秋天它会落老叶，生新叶，绿意盎然地度过寒冬，所以又叫忍冬。忍冬和金银花，一个刚毅内敛，如高士；一个欢欣丰足，如村姑。有意思的是，这两个名字虽然气质有异，却也并不违和。

据说敦煌莫高窟中出现最早且出现频率最高的植物图案，就是忍冬。在南北朝时，忍冬就是最为流行的装饰纹，又叫"卷云纹"。为什么偏偏是忍冬？是因为它的强韧？它的高贵？还是因为它作为药的慈悲，抑或是它如此绵延不绝，生生不息？似乎都能成为一个答案。

——不由得朝窗外看去。我家楼下的小花园里，也种有几棵忍冬呢。

精彩
——赏析——

　　文中多处运用拟人的修辞手法刻画树的形象，赋予树以人的情态特征，形象生动地描绘出不同树的各种风貌。苹果树的果子是酸甜的，"像一个个刚刚成年的少女，开花，结果，生儿育女，迸发出无尽能量"。桃树开花是自在的，"不管谁赏，首先是为自己而开，这个最重要"。槐树王是神圣的，"长了三千多年，把自己长成了王，长成了神"。忍冬是寓意深刻的，"忍冬和金银花，一个刚毅内敛，如高士；一个欢欣丰足，如村姑"。这些描述表达了作者对情态各异的树的喜爱与赞美。

赊店春雨

🌸 **心灵寄语**

> 赊店古镇位于河南南省阳市社旗县，历史悠久，文化底蕴深厚。古镇始建于东汉，至今已有1900多年的历史了，是具有重大纪念意义的中国历史文化名镇。

"一点一横长，一撇到南阳"。小时候猜字谜，这是个经典题目，谜底是"广"字。我不解，问老师：为啥这一撇就非得到南阳呢？不能撇到别的什么地方去吗？

老师懒得搭理我。又问别人，没有人接这个茬。长大后我才知道，与"南阳"同音的也有"南洋"的说法。但毋庸置疑的是，我老家说的就是南阳。细想也有缘故：我老家是豫北，南阳在豫西南，在老家人的心里，南阳就是很远很远的地方了吧。

曾到过南阳多次。这次去的社旗县赊店也是第二次了。第一次去是十年前，一晃十年过去。人这一辈子，还真搁不住这么几晃啊。

抵达当晚先吃到了久违的地道河南饭：蒸槐花、油茶、锅盔面饼。真是香。也见了一些久违的老朋友，离乡到京后再见故人，分外亲切——似乎只有离开故乡，故乡才是真正的故乡。因为打了疫苗，遵医嘱没有喝酒。其实就是不打疫苗，我也喝不了什么酒，在饭局上，我喝酒向来就只是一种表演性的礼仪。但是，我喜欢看别人喝酒，美酒的味道哪怕仅仅是闻着，也是一种享受。这个对我而言久违的河南之夜，席上的人推杯换盏，小镇的空气酒香浓郁，目光所及皆亲切可爱。

翌日清晨，下了小雨。或许是因被春雨洗过，虽是故地重游，一切却仿佛都是新的。赊店以酒名世，行程里的一切自然都离不开酒。先去了刘秀广场，接着就是看"赊店酒乡特色小镇"宏大的规划图，然后便按图索骥，神泉井、酒署、手工曲坊、古窖池、酿造工坊、科研中心、自动化灌装中心、山体洞藏……一切都和酒有关，酒也和一切有关。

在工业园里，我们欣赏着酿酒的过程，度量着宽厚的酒窖，赞叹着工艺的繁复，迤迤逦逦一行人，看酒、品酒、论酒，说高粱香，说小麦醇，说大米净，说玉米甜，说糯米绵……在酒署盘桓了许久，这个如此严肃的专业管理机构，因为酒的关系，我的心情也是微醺的。这个地方在我心中，就是如同月季研究所之类的有趣之地，总能让我格外浮想联翩。当然，再浮想联翩，也跑不出酒的意识领地。酒署正中那幅漫长的对联，我只记得了上下联的最后几个字："酒中日月堪悬镜，壶里乾坤常澄尘。"酒中日月，壶里乾坤，可不就是赊店千百年来的时光记忆？

"天下店，属赊店"这名号不是白得。曾经的赊店，因地理位置优越，便南船北马，总集百货。尤其是清乾隆、嘉庆年间繁荣异常。鼎盛时期镇内流动人口达十三万之众。资料记载："21家骡马店朝夕客商不断，48家过载行日夜装卸不停。白日千帆过，夜间万盏灯。

临暮，船上楚湘歌舞达旦，岸上交易灯火如昼。500多商号72道街分行划市，相聚经营，生意兴隆。"所谓"各省买酒不用问，云集赊店东船运"是也。也是因为其中有相当数量的晋、陕二省商人发迹，便捐巨资建成了精妙绝伦的山陕会馆。

午饭过后，我们便去了山陕会馆。十年前曾看过的，朦胧中只记得很壮观。此时再看，朦胧成了清晰，琉璃照壁墙都可细赏半天。任何一个图案都有说法，都有典故。——中国人务实起来极其务实，梦幻起来也是极其梦幻。附丽在各种物体上，都能让想象抵达美好之境。

比如圆形设计的团寿，寿不用多说，团的造型则是意指做生意要合作团结。比如蝙蝠刻在下方，意为遍地是福。比如照壁最核心位置的獬豸，额头正中位置长了一个独角，俗名独角兽，据说这神兽能辨是非曲直，能识善恶忠奸，且会把一切负能量统统消化掉，额头的角又在正中，便成了公平和正义的象征。山陕会馆是商业会馆，从商牟利自是重要，但求财需有道，这个道亘古不变，就是公平正义啊。

二龙戏珠也有意思，因戏的是蜘蛛。珠和蛛既是同音，在民俗上便也可以通用其形。"蜘蛛集而百事喜"，古人把喜蜘蛛称作"喜子"，也叫"喜虫"，视之为吉兆。蜘蛛和知足又是谐音——在谐音的巧用上我们的汉语可谓登峰造极——所以恐怕也有知足常乐的取意，不过似乎也有隐隐的警醒之音。同时蜘蛛本体吐丝织网，亦可喻为四通发达的关系网、人情网中，财运亨通。小小一只蜘蛛，负载着警醒、劝慰和祝福等各项职能，还真是有点儿替它累得慌。

还有鲤鱼跳龙门，龙门呈阁楼状，楼右为鱼尾，楼左现龙身，过龙门之鱼化为龙体，逆流升腾而上。龙是什么？在过去的标准里，子孙们科举中榜，光宗耀祖，飞黄腾达，这都是龙。而现在，龙的象征日渐溢出了世俗框架，在我的意识里，向上超越的一切，都是龙。

——酒也是龙，是所有饮品中的龙。酒是粮食精，酒也是粮食酝酿出的梦。酒的梦幻气质，让人们在某些时刻生长出透明翅膀，短暂地脱离了世俗的羁绊和桎梏，能够自由飞翔。于是，我们可以看到，平素里矜持的人散漫了起来，端庄的人调皮了起来，低调的人居然吹起了牛，严谨的人也露出了可爱的破绽……

大约是自家地盘上丰产好酒的缘故吧，南阳人素有酒名，似乎也皆有酒量，著名作家李洱谈事论人向来是亦庄亦谐中切近要义，他在妙文《陪何锐先生去南阳》中趣味横生地写道："到南阳喝酒，可不是闹着玩的。南阳这地方，是长江、黄河、淮河的自然分水岭，南秀北雄集于一身，千年文脉从未断过，茅坑和猪圈上都贴着工整的对联。南阳的酒文化，在汉代画像砖中早有描绘。……南阳的酒文化从历史深处走来，一屁股坐在每一桌酒席上面，让每个人都变成了酒葫芦。从入席，到斟酒，再到敬酒，都有一套严密的程序。身临其境，除了入乡随俗，乖乖就范，喝个酩酊大醉，你几乎没有别的选择。这主要是因为南阳人太会劝酒了。"读到此处，就会忍不住想起在赊店的那场夜宴，人们在侃侃而谈中觥筹交错的情形，恰如李洱描述的那样："每一杯酒，他们都有几套理论。那几套理论平时或有冲突，但在酒气氤氲中竟然辩证统一了。他们会从猿人造酒谈起，谈到'人法地，地法天，天法道，道法自然'，然后再谈到'仁义礼智信，天地君亲师'，谈到'醉里乾坤大，壶中日月长'，谈到'莫思身外无穷事，且尽生前有限杯'。南阳人的劝酒辞，是历史诗学的有机组成部分。你若不把那杯酒一口闷了，不仅是不逆大道，不仅是听不懂人话，不仅是看不起人，而且简直不算个人。"

看着人们用"历史诗学"语调互相劝酒，我得承认，他这段话也是在夸张中写出了精髓。这样的气氛中，其实是很想喝两杯的，如果没有打疫苗的话。不过话说回来，即使不打疫苗，我大概也不敢举杯。我的酒量在此地是妥妥的忽略不计。可是，说真的，我非常喜欢看别人喝酒，也非常喜欢看别人喝醉。喝酒的人是可爱的，喝醉的人更是可爱的。更何况，此时此刻举目四望，好友如酒，情义如酒，春风如酒，春雨呢，简直就是酒本身呀。

雨下了一整天，一整天里，我们都浸泡在雨意里，浸泡在酒香里，或者说，浸泡在含着酒香的雨意里，又或者说，浸泡在含着雨意的酒香里。这样的时刻于我是很少的，让我不由得在微醺中觉得，赊店的酒，其实就是恒久春雨。这春雨被人酝酿出来，珍存着，传递着，常喝常有，随喝随有。赊店的酒香，也是恒久春意。这春意在人脸上，也在人心里啊。

精彩
—赏析—

　　文章按照游览的顺序描写了几个不同的村庄，层次清晰，语言流畅，字里行间流露出丰富的人生感受和细腻的思想感情。燕坊古村"崇尚读书，诸多细节里都透着书香之气"；溪陂村灯光点缀的夜景"贴合着本乡本土的气息，呈现出一种不突兀的自然美，内外融洽的美，观感舒服的美"；钓源村底蕴深厚，"细节里蕴藏着的气息里洋溢着民间特有的想象力"。作者在村里人的介绍下领略着不同村庄的风土人情和历史文化，表达了对乡村文明的喜爱与赞美。

和杜甫一起看山

心灵寄语

> 杜甫故居位于巩义南瑶湾村，依山傍水，诗人赵朴初曾赋诗曰："我闻杜甫里，山形有笔砚。傥使甫复生，刮目桑梓变。笔落砚腾波，喜作巩县赞。"

近些年，没少去巩义。每次去巩义，都是因为杜甫。如今诗歌之事似乎日渐繁盛，巩义作为诗圣杜甫的故里，与文学相关的活动也就越做越多，于是每到春暖花开之时，我都有机会到杜甫的诞生窑前行一下注目礼，而那时节，那座小院子里的枣树正好开始挂果，一颗颗结实的枣子被阳光照耀着，青润、稠密、饱满。用手抚摸一下，有着微微的暖。我曾尝过一颗，有着淡淡的甜。

杜甫诞生的那座小土窑稳稳地嵌在山崖的怀抱里，看着极为简素平常。朋友们说，这是本地最普通的民居样式，无数百姓都曾住在这样的土窑里，他们童年的时候也都曾住过。这让我有了隐隐的羡慕之心。自小生长在平原，对于住窑洞便只能是一种想象。虽然曾在陕北住过窑洞，可这窑洞是河南的，是杜甫住过的，如果住起来，还是不一样的吧？

今年的重阳佳节前夕，因为有巩义的朋友邀请去涉村镇赏红叶，便趁此机会夙愿得偿。朋友说晚上就可以住窑洞，只是不是土窑，而是石窑："反正都是窑洞嘛。"

也对。

下了高铁，黑夜中向山中行进。一路上弯道盘旋，车灯照不到的地方，是广大的黑暗。走着走着就有些茫然，不知道还要走多久。忽然前面出现了一方开阔之地，灯光高高低低地闪烁着，并不强烈，很是温柔，仿佛是召唤你回家的低语。后来得知这个地方是涉村镇北庄村的一处民宿，叫石居部落。

就是这里了。

所谓石居，指的就是石窑。可真是实实的石啊，哪里都是石。门口的路是石径，房间里的石墙有一米多厚，在石墙上凹个石槽，放个摆件，功能就相当于装饰柜了。落地挂衣架倒不是石头，是实木，那浑然天成的造型分明是取了小树的一小截，只刷了一道清漆而已，仔细闻一下，还能闻到树脂的芬芳呢。

床也是实木，可能是怕我们冷，还准备了电热毯，暖暖地开着，让我躺上去就不想起来。辗转反侧着，微微兴奋着，简直不想睡了。可是不知不觉地，还是睡着了。这里的夜静极了，没有一丝声息。

——果然符合我的想象，像是回到了母亲的子宫。

清粥小菜的早餐之后，便上了山。其实已经在山上，所谓的上山，是向山的更高处。本来可以坐车通过隧洞，朋友们说，过了隧洞到了山那边就可以看到特别美的景致。巧的是隧洞那里正修，不能过车，要想到那边去，只能爬那要高到天上的台阶。可是人到中年，作为一个膝盖不争气的人，我最抵触的事情之一便是爬台阶了。于是便赖皮着，迁延着，解构着朋友们的各种鼓励：锻炼身体？不爬这些台阶也可以锻炼的呀。高处风光好？嗯，坐在在这里想象出来的风景更美丽。你看看前面，老的小的都上去了，不羞愧吗？羞愧啥呀，能者多劳嘛。

"杜甫也爬过这山！"

是了，算起来，这里离杜甫的诞生窑只有几十里吧，可是也是很近的了。少年杜甫，确实也应该爬过这座山吧。

突然就觉得有了动力。

涉村镇的山都属于嵩山。中岳嵩山，人文厚重，这么多年累积下来，形成了自庙堂到民间的丰富层级。嵩阳书院所依的太室山，少林寺所依的少室山，都是她的骄傲巅峰，与之相比，涉村所属的这些山就是最质朴的乡野部分。听着这些名字就知道：羊角沟、凌沟、南沟、西涉、东涉、前窑、东安、西坡、罗泉、浅井、上庄、洪河、桃园、北坡、王庄、涌泉、大南沟、吴沟、西沟、郭峪、方家码、寺坪、五指岭、三峪河、黑沟岭、桑树沟……

其实也不知道走到哪里了。朋友们走一路指一路，指一路说一路；我听一路叹一路，叹一路也忘一路。能记得的就是：这都是涉村镇的山，都是嵩山，都是杜甫的山——原谅我吧，作为一个认知狭隘的人，在杜甫故里，我最高频次想到的人，就是他。

野菊绽放，我摘了一大把又一大把，顿时衣服上满是菊香。若我在这山里长大，应该就叫菊香吧。或者，该叫黄四娘？因为杜甫写过：

黄四娘家花满蹊，

千朵万朵压枝低。

从来也没有考证过诗里的花是什么颜色的花，但为了黄四娘的缘故，我就认定了一定是黄花，菊花一样的黄花。

中午吃的是土得掉渣的农家饭：橡子凉粉、手工面、辣椒炒鸡蛋、清炖柴鸡、柿子醋……还第一次吃到了名叫苦芽的野菜，朋友们说，这是本地挑尖儿好吃的野菜，耐旱耐涝，泼皮得很，初夏时节的头茬长得最好，尤其是没有长开的嫩叶，采摘了之后用沸水淖过，换凉水浸泡，稍微用盐渍一下，便可一团团地放到冰箱里冷冻保鲜，随吃随取。我们现在吃的，就是头茬的苦芽。入口时有极淡的苦，然后就是满口清香。配着金灿灿的玉米粥和热乎乎的面饼，再美味不过了。

饭后，倚着农家乐的矮墙，看到两只大鸟从远远的树上飞向更远的树上，也会想到他。他写过：

两个黄鹂鸣翠柳，

一行白鹭上青天。

那两只鸟，肯定不是黄鹂。可是有什么关系呢，就当它们是黄鹂吧。

杜甫也吃过苦芽吧？他自己就很像苦芽。颠沛流离的杜甫给人的印象似乎总是悲苦穷困的，可是看看这些明亮可爱的颜色：黄鹂、翠柳、白鹭、青天……就知道他多么善于在不堪的现实中打捞出美来。

快到黄昏时分，我们到了附近最高的山顶，极目远眺，四周正是群峰合唱，云岚苍茫，路如丝带，林若翠海。也想到了他。他写过：

> 岱宗夫如何，
> 齐鲁青未了。
> 造化钟神秀，
> 阴阳割昏晓。
> 荡胸生层云，
> 决眦入归鸟。
> 会当凌绝顶，
> 一览众山小。

这首诗，写于开元二十四年，即公元 736 年。这是杜甫眼中的泰山。一千多年后，这些诗句依然可以为我们代言所看到的一切高山。在这样的高山上，又怎么会不想起他的另两句诗呢？

> 丹青不知老将至，
> 富贵于我如浮云。

山下一栋栋小小的房子看着像玩具一般，可是下山了，走进了，推开每一扇门，里面都是热腾腾的柴米油盐，都是火辣辣的爱恨情缘，都是一次次的聚合离散……而离家的人，无论曾经走得多么远，再次回到这里的时候，是不是都会想到他，想到他写过的这两句诗：

露从今夜白，
月是故乡明。

这两句诗，适合所有人的故乡。

突然想起在一次读书分享会上，有人提问说，现在时代发展到这个程度，这些古老的诗歌到底还有多大的必要呢？我立即热血上头。必要这个词，等同于有用吧。按照如此实用的标准，音乐、书法、舞蹈，这些东西都有什么用呢？去博物馆看古董，去电影院看电影，去美术馆看画展，这些事情都有什么用呢？沉迷于这些无用的事，就是有病吧。

得病的人，不一定能活得很好，却一定会活得很有意思。而活得有意思，在我来看就是活得好的最重要的标准，所以，这病对我来说太有用了，比如此刻，我在看山的此刻，因为心里有杜甫，因为心里有杜甫的诗，我就觉得我所看到的山就比那些心里没有杜甫和杜甫诗的人看到的山，更多、更美。

……杜甫，杜甫，我这真的是在和杜甫一起看山，山在，杜甫在，峰谷的明暗仿佛勾描出了他清瘦的脸。和杜甫一起看山，我们走了那么多久，也不过是漫步在他的皱纹间。和杜甫一起看山啊，在这山里，觉得自己永远是一个小小的，被他喂养的婴孩。

精彩
——赏析——

　　巩义背倚连山，前临沃野，嵩山、邙山遥相对峙。杜甫就诞生在笔架山下的一处窑洞里。沿着杜甫故里，探寻他的足迹，这一路处处都是杜甫的气息。"我"住在山上的石窑里感觉"像是回到了母亲的子宫"，因为杜甫也曾住在"稳稳地嵌在山崖的怀抱里"的小土窑里；"我"面对高到天上的台阶突然有了动力，因为杜甫应该也爬过这座山；"我"吃着名叫苦芽的野菜，赏着花与鸟，联想到杜甫"善于在不堪的现实中打捞出美来"；"我"终于爬到了最高的山顶时，万千情怀一并涌来，既有豪情壮志，又有淡泊闲适，还有思乡之情。文章多处运用杜甫的诗句引发感慨，对杜甫的喜爱与赞美之情贯穿全篇。

北京的"某"

💮 **心灵寄语**

一座城市能够给人留下深刻的记忆，或许是因为它的地域特征，或许是因为它的风土人情，在你的脑海里有这样的一座城市吗？

某次聊天，和朋友说到熟悉的城市，想了想，除了郑州，竟也就是北京了。熟悉的机缘一是因为来北京学习的机会多，一两个月的，三五个月的都有，最长的一段是在北师大读硕士，集中上课期是一整年，其余两年里也来回跑了有十几趟。短期学习就更多了，三五天的，七八天的，不胜枚举。近年来，因为工作的缘故，又要隔三岔五来开会，它便成为我频率最高的出差地。去年年底，我工作调动到了北京，对于人到中年的我，这座大城又开始延伸出了根的属性。之前的熟悉是过客身份的熟悉，之后的熟悉就是家常的熟悉了。颇有些梦幻似的，我开始在北京过起了日子，可不就是家常吗？

北京大，大北京。说到北京的大，在朋友圈里总能听到异曲同工的吐槽，比如说，一般而言，一天只能去一个地方，只能去约见一个人，只能去办一件事，想要提高效率不大现实，因为不好顺路，拐一个弯轻易就能多拐出去一二十公里。不过说实话，对这大，我虽然嘴上也跟着吐槽，却没有什么腹诽，反而有些喜欢。辨析起来，缘由有些变态。一是因为大，恰可以被迫着专注。一天的计划里，去哪里就是去哪里，去见谁就是去见谁，心无旁骛。二是在这大城中的被湮没感，很对我的胃口，虽然这听起来仿佛有些矫情。"唯有王城最堪隐，万人如海一深藏"，这诗其实是有些傲娇的。在王城还想隐的，一定是不太好隐的人。而如我这样的人，进了人群就找不着，想不隐也不成，因此也恰恰享受到了真自在。常常的，在大街小巷中与那些平朴的面孔擦肩而过时，不由得会想象一下他们的故事。这些藏在如海王城中的人们，都经历了些什么呢？也渐渐理解了为什么绝大多数的北京土著待人接物反而是朗利谦和的，不卑不亢的——见的世面太多了。

不过，既然是过日子，只有大致是不行的。所谓的小日子小日子，日子总是小的，总是得往小处过的。好在这大城中从来都不缺小。比如，初春去北师大听讲座，京师学堂前的玉兰花开得洁白耀眼。悄悄在某间教室外站了一会儿，瞄到神采奕奕的老师在讲城市文学。曾几何时，作为一枚老学生，我也有过这份惬意，混迹在年轻学子中听着课，窄窄的桌面上摆放着咖啡和茶。再晚些天去，牡丹园的牡丹正姹紫嫣红，启功先生以塑像的方式立在花丛中，一脸慈祥的笑意。国际写作中心是我经常去的地方，凭借着莫名其妙的好运气，还数次与莫言先生邂逅。在学校里消磨到了傍晚，溜达到附近的小西天，在中国电影资料馆随机地看场电影是个不错的选择，完美的一天就这么过去了。

只要有闲，这大城中的小时光简直可以说是享之不尽。再比如去人艺看话剧，去美术馆看展，去单位附近的国家大剧院听音乐会……黄昏时分，我常会跟着熙熙攘攘的人流绕着大剧院散几圈步，水面浅浅的人工湖里有一群野鸭子定居了似的在嬉戏，成了大剧院的一景。周围没有高楼，晴天时，巨幅的晚霞映着波光潋滟，绚丽如画。有时阴天欲雨，大朵大朵的乌云压在头顶，则是另一番雄浑壮阔。

夏初时，一老友因老家有事需要回去长住一段，委托我帮她照顾花花草草，我便有了去房山小住的契机。她的房子在窦店镇的于庄，这大概是北京最典型的乡村了吧，不过，到底是北京，村也不像村，那样貌在别的地方起码也得是个繁华的镇。别墅区，花园洋房，成片的时尚小区，鳞次栉比。基本的生活配套设施也很完善，甚至还有几家宠物医院。好几趟公交线从市内直通到这里，我从核心的西城区到这里只需要转一趟车，一个半小时。

只要在房山住，我便每天都去小区对面的于庄市场买菜，里面也是种类齐全，物美价廉。老板们各种口音，其中有一位一开腔我就知道了。河南的？对，河南的。河南哪里？鹤壁。我老家是焦作，咱们都是豫北呢。是啊，都在黄河北。老乡就这么认下了，结账的时候送了我一小把香菜。隔段时间再去，他问：姐，可长时间没来了呀。嗯，出差啦。生意好吗？唉，撑不着饿不死，就那样。

也会常去小区旁边的郊野公园快走或者慢跑。所谓的郊野公园，倒也实在是郊野得很，紧邻着真真切切的庄稼地，有玉米地，也有菜地。豆角、西红柿、黄瓜、茄子应有尽有，鲜灵灵地垂挂在那里，我总是得格外忍耐，才能克制住去采摘它们的冲动。

在这里我还发展出了意外的社交活动：有了几位能搭话的熟人。

最先搭话的是位老先生，夸我走得快，脚下生风。问每天走多久？走多少米？我一一回答了。过两天是两位老太太，我越过她们时，听到她们夸：看看人家这身板儿，多直溜！嘿，这步子，飞一样。折返时走了个对过，她们早早地把跑道腾出来，给我让路：您先过。这也太客气了，我只好停下来和她们聊了几句。有一次遇雨，一位老太太带着遮阳伞，亲昵地喊着说可以捎带着把我送到小区门口，反正都在这一片住嘛，捎带脚。我受宠若惊地谢绝了，飞奔而去。所谓的熟，熟的只是一张脸，其他的什么一概不知道。这恰恰也是我中意的分寸：比陌生人多一点点亲切，宛若白水里有一丝丝蜂蜜的甜，刚刚好。

此地还有一些古风古韵的小摊。比如理发的，用旧纸板贴着最朴素的广告：五元一次，没有微信。老爷子坐在一把木椅子上，束着并不白却还挺干净的围裙，旁边立着一个脸盆架，盆里盛着清水，架子上搭着毛巾。每次路过都担心他有没有生意，有一次终于看见他在给人剃头，心里松了一口气。还有一次居然看到一个胳膊刺青的少年坐在那里，成为他的顾客，两人的形象反差映照，也是有趣。

十字街口还常有老太太在卖青菜，待你走近便会问：两块钱一把，要不要？才离地，好着呢。品种不多，韭菜、小白菜、菠菜、大致就是这些，偶尔会改点儿样，多出些嫩玉米，五块钱三穗。或者是离核大桃子，十块钱三斤。有时候也会有卖花的，茉莉、文竹、白掌、绿萝等，比菜稍微贵一些，都是些好搬好运好养的。我有时买，有时不买。更多的时候不买，只是停留片刻，闲话几句就好。

去房山次数多了，就觉得这里并不远。东城西城是北京，这里又何尝不是北京呢？

朋友聚会也是小日子的重要内容。有大聚会，是海吃海喝的狂欢。也有单个儿的约见，比如盛夏时节，去一个闺蜜家里吃饭，吃什么菜不重要，重要的是调料——就是胡说八道。和她每次见面的基本内容就是一起毒舌，当然最主要的是嘲笑对方和鄙视自己。她说，昨天很想给我发个微信，因为很想要去看一个歌舞剧，一看票价是五百多一张，顿时就舍不得了。她恨着自己小家子气，又实在舍不得花钱，同时还那么想看剧，纠结了好一阵子。她问我，要是你，你舍得吗？我说那还用说吗？当然不舍得啦。两个人就傻子般哈哈大笑起来。

就是这样，和她会说很多不体面的话题。说完了，就格外痛快，像一次彻底的排毒。——必须承认，能和你袒露或者能让你袒露内心深处那些丑陋不堪的人，才能称得上是密友。密友的存在，也许就是为了把彼此变得透明，变得单纯，变得幼稚，变得不知羞耻。在他们这里，重要的不是包裹什么，而是剥掉什么；不是炫耀什么，而是卑微什么；不是修饰什么，而是清洗什么。

午饭后告辞，她送我到地铁站。路上继续有一搭没一搭的扯东扯西，扯什么都开心。刚回到家，她的电话就来了，说她那边下雨了，我跑到窗边，看着沉重的天色，说我这边阴得厉害，还没有下。话音没落，玻璃窗上就画出了长长的雨线。就这样，在离得不远的地方，我们各自对着窗外，看着雨，以庸俗的文艺腔感叹着雨，雨越大，我们越有兴致，就像两个小女孩，或者说老女孩——外壳老，可是内心小的女孩。

网络上有几句诗偶尔听过，不知怎的就记下了：

红衣佳人白衣友，

朝与同歌暮同酒。

世人谓我恋长安，

其实只恋长安某。

　　琢磨起来，觉得挺有意思。"长安"在此可以指代你的任何钟爱之地。"某"呢，则可以指代这个地方你心心念念着的一切。如此说来，北京的"某"对我而言可是太多了。当然，说了归齐，"某"的精髓还是在于人。试问一下：北京，或者这世界上的任何一个地方，对我来说究竟意味着什么？很显然：如果不是因着那些宝贵的朋友和亲人，那地方再美再好，又有什么驻留的意义呢。

精彩 赏析

　　文章开篇点题，直接点明熟悉的城市除了郑州就是北京，作者对这座城市融入了特殊的情感与这座城市的各个方面息息相关。北京的"大"令"我"喜欢，让"我"享受专注和被湮没感；北京的"小日子"令"我"惬意，让"我"拥有享之不尽的小时光。在房山小住时，同乡的菜市场老板、郊野公园搭话的邻居、古风古韵的小摊都让人倍感舒适。但最重要的是志趣相投的朋友，和朋友相处的时光是无尽的宝藏，凝结着快乐的记忆，承载着万千的思绪，是"我"情有独钟的根本原因。

也不全然是梦

🌸 **心灵寄语**

金黄的麦浪渐渐消散，人声的嘈杂渐渐沉寂，母亲的音容笑貌渐渐模糊，一幕幕是那样真切，又是那样虚无缥缈，是梦吗？也不全然是梦。

一出村庄，我就看见了那一片田野。那是一片玉米田，玉米正拔节到了最高的时候。我们这些乡村的孩子搭眼一看就知道，它们不会长得再高了。就像大人们眼中的孩子们的个子，蹿到了某个尺寸，就不会再蹿了。剩下的事情，就是长壮了。

这些玉米还没有长壮，所以格外亭亭玉立，修长的玉米叶和玉米叶之间还有着疏朗的空隙。风吹过来，玉米们微微摇动，如在跳舞。它们的颜色翠玉一样闪闪发光，这翠玉有浅翠、有深翠、有墨翠，交杂辉映，油画一般。当真是绚丽极了。我赶快把手机调换到拍照模式，想要把这一切拍下来。正在忙乎呢，弟弟从村子里跑了出来，看到我，喊了一句："走啊。"我问去哪里？他说："去地里啊。"我仿佛也明白了似的，跟在他后面去了地里。

那块地确实是我家的地，在村子外的西南角。田里一片金黄，正在收麦子。有的麦子已经被打成了麦秸垛，敦敦实实地矗在麦田中间。我凑近前，嗅到了麦秸秆的甜香。再仔细一看，哎呀，这麦子打得不干净呢，还残留着不少麦穗子呢。一转身，我就看见了母亲，我像以

121

前一样喊她妈，她像以前一样答应着。我赶忙告诉她麦子的事，她说："没事，先打个大概，回头再遛一遍场，就能干净了。"

母亲稍微胖一点，戴着一顶黄旧的草帽，穿着家常的白汗衫，圆领的，很薄，汗水把她身体的轮廓清晰地洇显了出来。我有些难为情，便决定下次要给她买几件厚点儿的汗衫。

别人都在麦田里忙碌着，我们母女却聊起了天，聊天的情态恍若多年不见的好友，猛然间有些僵硬，却也很快自然起来。她有些羞涩地感叹说，她今年就要退休了："干了这么多年，可干够了。"——从十八岁开始在乡村小学教书，一直到她去世，她的乡村教师生涯足足有四十年。可她为什么要羞涩呢？是因为觉得自己退休了就没用了吗？我连忙安慰她说："也该歇歇了。要是实在闲不住，像您水平这么高的老师，哪个民办学校不想返聘呢？"她的优长是低年级语文，每次全乡统考第一名的，铁定是她的班。

这安慰是有效的。她欣然颔首，默认了我的推想。我踏实下来，方才觉出天气的炎热。五黄六月收麦子呢，可不是热吗。举目四望，也不知道卖冰棍的什么时候会来。他们骑着自行车，后架子上捆放着一个四四方方的塑料泡沫箱子，箱子外裹着一层小花棉被，箱子里整整齐齐码着一排排的冰棍儿，便是这时节乡村消暑的奢侈品。我曾问过母亲："裹棉被不是为了暖和吗？冰棍被捂得这么严实，它们不热吗？"母亲说："棉被这东西，能隔冷，也隔热。"我说："那咱们夏天为啥不裹个棉被子呢？"母亲答不上来了，就呛我："你又不是冰棍儿！"

看我的样子，母亲就知晓了我在找什么，笑道，哪里就有那么热。再说了，真热的时候，吃那个又能顶什么呢。我撸胳膊挽袖子想要去干活儿，她又拦着说，没啥干的，都忙完了。我顿时回到甜蜜的懊恼中。总是这样，她总是这样，总是舍不得让我花钱，总是舍不得让我干活儿。对别人讲起来我的时候，总是压抑着骄傲，尽量淡然地说："我那二妞……"

她仍然拽着我，拽着我的那只手湿津津的——梦醒了。

这是梦。这当然是梦。收麦子的时候，玉米怎么会长那么高呢？麦秸垛都是蟊在地头，怎么会在田间呢？母亲已经病逝了二十多年，怎么还会在田里收麦子呢？

可这也不全然是梦。玉米拔节到最高的时候，它们就是那么美。看到没打干净的麦子，我就是觉得那么可惜。母亲活着的时候，她就是那个模样。在她面前的我，就是那个被溺爱的孩子，当她的孩子，就是那么好啊。

精彩
赏析

　　文中运用多种写作手法来塑造母亲的人物形象。"母亲稍微胖了一点，戴着一顶黄旧的草帽，穿着家常的白汗衫"是对母亲的外貌描写，表现出母亲质朴敦厚的特征。"没事，先打个大概，回头再遛一遍场，就能干净了""干了这么多年，可干够了"是对母亲的语言描写，表现出母亲吃苦耐劳的特征。"她有些羞涩地感叹""她欣然领首"是对母亲的神态描写，表现出母亲性情温和的特征。作者通过梦境的描写回忆和母亲相处的点点滴滴，感情真挚动人，表达了对母亲的怀念之情。

1.阅读《文学就是这么一棵树》，回答下列问题。（9分）

（1）下列对文本相关内容和艺术特色的分析鉴赏，不正确的一项是（　）（2分）

A、文中的男孩原来与树在一起很快乐，后来受到社会的不良影响，变坏了，他贪得无厌，不断向树木索取，直到榨干树木为止。

B.“文学就像是祖母的怀抱”这个设喻贴切自然，表现出文学的温暖、宽容和伟大，我们在面对文学时也会更加真实与诚恳。

C.现实生活中有很多人认为文学是无用的，但作者并不这么认为；文字虽不能直接作用于物质生活，但却是无用之用，方为大用。

D.本文结尾运用反问手法，虽问不答，但能够很好地激发读者深入思考，引起强烈的共鸣，从而增强文章的表达效果。

（2）请结合文本简要分析“文学就是这么一棵树”指的是什么？（3分）

_____

_____

_____

（3）“文学”与“生活”这一对关系复杂而深奥，但作者却能娓娓道来不失美感。请从表现手法的角度，结合全文简要分析。（4分）

_____

_____

_____

2. 阅读《也不全然是梦》，回答下列问题。（10分）

（1）文章借梦境写了"我"和母亲的哪些事？（2分）

_____

_____

_____

（2）品析下列加点的词语，分析其表达效果。（4分）

①她有些羞涩地感叹说，她今年就要退休了。（2分）

_____

_____

_____

②总是这样，她总是这样，总是舍不得让我花钱，总是舍不得让我干活儿。（2分）

_____

_____

_____

（3）文章多处运用景物描写的方法，请举出一例并简析其作用。（2分）

_____

_____

_____

（4）结合文章内容，分析概括母亲的人物形象。（2分）

_____

_____

_____

3. 写作训练。（60分）

走过了春天，又走进了秋天；走过了童年，又走进了青葱少年；走过了初中，而今又走进了高中校园。语文，我们每天都与之形影相伴，无论课内还是课外。在你的记忆深处，或许有语文学习的难忘印象，或许有关于语文的诸多感慨。

阅读《文学就是这么一棵树》，在下列题目中任选一题作文。字数：600~1000。

（1）语文，心中的一泓清泉（2）语文，想说爱你不容易

苦楝树

> 老宅里的苦楝树，如同仙风道骨的隐士，时光匆匆，物换星移，它始终停留在这里，以慈爱的目光，注视着人世间的沧桑。

生我养我的那个村子，我现在很少回去了。父母和祖母先后去世，那里已经没有了我的亲人。虽然不回去，但总是会想起她，想起那里的街道，那里的庄稼，那里的老宅，还有老宅里的那棵苦楝树。

我小时候的乡村，各家的院子都分前院和后院。前院大，后院小。前院自然直通着大街，后院则顺着堂屋右侧的一条小胡同而入，是封闭式的。我家的前院种着枣树、梧桐树和榆树，后院有一小片菜园，还有那棵苦楝树。

那棵苦楝树不知道是什么时候种下的，我记事的时候已经很大了。我喜欢在树下面玩。因为后院的小，苦楝树的树荫几乎能遮住整个后院，本来就很幽静的后院就显得更幽静了。我常在她的树荫下做一些隐秘的事：偷偷吃什么东西，读大人们不让读的书，或者

127

就什么也不做，看蚂蚁上树。每次大人们要找我的时候，我十有八九就在后院的苦楝树下。

都说苦楝树的果子是苦的，我尝过，果然是苦的。

十五岁那年，父亲去世了。那时我正在外地读书，匆匆回去参加了父亲的葬礼之后又返回了学校，再次回家已经是寒假。我发现后院经常有人，不是母亲就是祖母，她们总说去后院拿什么东西，或是一根葱，或是一棵萝卜，一拿就是很长时间。有一次，我悄悄跟着祖母来到后院，发现她在苦楝树下哭泣。她抱着树，像抱着一个孩子。她呜呜地哭着，脸颊紧紧地贴在树上。

又过了几年，母亲去世。我毕业回家教书，和祖母同住在老宅里，又看见她频频地去后院。我没有再跟着她。我知道，她一定又是在苦楝树下哭泣了。因为，我也会趁她不在的时候，去苦楝树下哭泣。

再后来，祖母也去世了。我没有去苦楝树下哭泣。我关上门，在自己的房间里，大哭。

——苦楝树，是背着亲人哭泣的地方。在没有亲人的时候，什么地方都可以痛哭。但亲人在，就不一样了。我们不对着亲人哭泣，如同不对着亲人示爱。不示爱是因为害羞，不哭泣是因为心疼。是这样吗？

苦楝树。一定有很多这样的树。

苦楝树。真的是很苦的一种树。但是，也是最亲的一种树。

精彩
赏析

　　文章开篇刻画出了一种物是人非的情境，渲染了悲凉凄清的氛围，为下文的感情抒发奠定了基调。小时候的"我"喜欢在苦楝树下玩，那里承载了"我"儿时的快乐。接下来笔锋一转，作者的情绪也发生了转折。随着父母和祖母的先后去世，"我"失去了所有的亲人，尚有亲人在世时"我"去苦楝树下哭，没有亲人在世后"我"在自己的房间哭，苦楝树承载着"我"难以言喻的苦涩的亲情。作者借物抒情，通过对苦楝树的描写表达了对亲人的思念。

河灯记

🏵 **心灵寄语**

　　"一盏红烛夜行舟，千年塘河画中游。"塘河水是温州的城市血脉，是瓯越文化的历史传承。塘河夜景，美不胜收。

　　行走温州的日子里，印象最深的便是塘河的灯。

　　那日飞机落地温州，已经是下午五点多。和所有的城市一样，进城的路上有点儿堵，到了酒店已经是华灯初上。晚饭后，由温州本土的知性美女大吉陪同，我和诗人庞培先去赏南塘夜景。

　　南塘，见名知义，城南之堤塘也。它是南塘驿路和南塘河的起点。南宋淳熙十三年，彼时的温州政府以全民之力整治疏浚长达七十余里的七铺塘河，修缮石堤，铺设石板，此堤塘是谓"南塘驿路"。而驿路旁边，连接温州和瑞安的那条七铺塘河，后来被称为永瑞塘河——永嘉到瑞安，现称温瑞塘河——温州到瑞安。温州，很久之前的爱称便是永嘉。

　　人们都说，塘河是温州的母亲河。行旅多年，到过各处，我亲近过太多的母亲河。济水之于济源，湄江河之于湄潭，青衣江之于雅安，沱江之于凤凰，嘉陵江之于重庆，湘江之于长沙，更遑论岷江、珠江、赣江、澜沧江、雅鲁藏布江……至柔至钢的河流，是大地上一切生灵的母亲。塘河自然也是。不说别的，单看温州市区这些桥和路的名字便可知晓：河西桥、漫水桥、望海桥、通济桥、矮凳桥路、金桥路、金丝桥路——我没有笔误，这两座桥确实只是一字之差。对了，还有一条信河街，此街名我在温州作家哲贵的小说里经常读到，一直以为是虚构的，到了温州才知道，原来在地理意义上讲，它还真是非虚构。

也许是下着小雨的缘故，夜色里的南塘很安静。河边的建筑一望而知都是崭新的，且是中英文双语标识，很是洋派。逛了一会儿，庞培说想去书店，大吉便陪着我们来到她相熟的书店。有意思的是，书店就在塘河边，书店的名字也叫"塘河"。因本名谐音章鱼，店主的诨名便是八爪。他穿着一身棉睡衣，正自在地听歌、喝茶。

书店是二手书店。这种店其实很考量店主的学识和眼力，庞培的倾情投入很快证明了八爪的道行。我素来不学无术，便只和八爪聊天。问他怎么想起开一家旧书店的？纸质书的状况已经是江河日下，纵使再下功夫，想在二手书上赚钱也是火中取栗。八爪淡淡地说："喜欢啊。开一家小书店一直就是我的理想。"书店两边，麻将馆里的声音哗哗地响着，他又说："隔壁孩子也问过我这个问题，我告诉他，我不想让你长大了之后，童年的记忆里只有麻将馆。"

这是个书痴。他笑言，前些日子去台湾，别人观光，他买书；别人逛街，他买书；别人去吃小吃，他买书……所以他的书架上，佳品荟萃、韵致缤纷。且看看这些书目：人民文学出版社最早版本的《莎士比亚全集》、朱天心《猎人们》《董桥散文》、房龙《宽容》、清少纳言《枕草子》、陈冠中《事后》、贺卫方与章诒和共著的《四手联弹》……简直是四海纳贤。当然对于温州他也是衷肠一片。《永嘉县志》《温州方言志》《瓯越语语汇研究》《温州乡村60年发展变迁》《温州歌谣初探》《瓯文化论集》《温州海关志》等等，这些探询温州本土各种风貌的专著应有尽有。本土作家琦君的作品自然也要隆重展示：《梦中的饼干屋》《青灯有味似儿时》《此处有仙桃》《妈妈银行》《琦君读书》等一一在列。他爱戏，戏曲类的书也琳琅满目：张世铮《我是昆剧之"末"》，李子敏《瓯剧艺术概论》，徐慕云《梨园外记》《关汉卿戏曲集》，俞为民、洪振宁主编的《南戏大典》，陈万鼐《元代戏班优伶生活景况》……因他的收藏齐全，温州无论官方，还是民间都经常来他这里寻书，他也经常捐赠一些书出去。

那天晚上，我们在他的店里叙话至深夜。随后两天的行程，又跟着他行走到了温州城的细节深处：探访瓯剧班子，赏析摩崖石刻，到犄角旮旯的店铺里淘宝……桩桩件件，皆有民间趣味。而大吉所安排的行程，则皆是温州博物馆、南戏博物馆、朱自清故居、城西路老教堂等经典之地。于我最深刻的印象，则是去白象塔。

那天到达白象塔时，已经是半下午了，没有什么游客，很冷清。南宋时期，温州是东南佛教的重镇，白象塔即是标志性的遗存，塔内出土的《佛说观无量寿佛经》残页，是当今尚存的最早活字印刷本。2010年，塔内还有一枚舍利子惊现于世……眼前的白象塔默默无声，它还有多少不为人知的秘密呢？

塔不可登，塔旁的塘河文化博物馆倒是容得我流连了一会儿。馆内图文并茂地梳理了塘河的历史和人文，渔业、农业和航运业的脉络清晰可见。

"这里展示的都是塘河生活……"活泼可爱的大吉积极地兼职着解说。大吉的相貌是小家碧玉，写作上的精气神却有大格局。来到温州之前，我刚读了她的新著《斜阳外》，原以为会是一本小女子之书，待到读完，则让我想到《人民文学》弘扬的理念：人民大地，文学无疆。《斜阳外》印证着大吉的足迹，一字一句都让我看到，她的娇身媚影就这样执着地行走在这片土地上，深度探寻着属于足迹的文学疆域，底蕴丰沛，行文端然。

塘河生活？嗯，这个词让我心有所动。原来，在温州，塘河不仅是一条河，而是一种生活。或者说，塘河本身就意味着生活——白象塔的旁边也是塘河，在温州，哪里都有塘河的环绕啊。

离开白象塔，我们便沿着塘河岸边散步。岸边一派烟火气。无论走到哪户人家门口，都能闻到饭菜的香气。无论走到多么背街的角落里，都清清爽爽、干干净净。居家的人浣洗的衣服就搭在桥栏杆上，红红绿绿、生机盎然。大吉说，这里所居的本地人家多是留守的老人和孩子，成年人都在外奔波。而住在这里的成年人，又多是在温州打工的人。

如此流转，何其辛苦。但无论如何，房子里有人温温热热地住着，这就好。

河里很规律地种着一方方的美人蕉，盛开着红艳的花朵。据说用来净化河水很有效。美人蕉，又叫虞美人。虞美人是宋词的词牌名，想起这个词牌，我就会想到李煜那阙："春花秋月何时了，往事知多少。"由此想到北宋，想到汴梁，想到如今的开封，开封旁边的黄河……宋词的词牌，在塘河上悠然生长。船来船往，水波一层层荡开，她们就随着波澜摇曳，风情万种而不自知。塘河和黄河，就此在我的意识里隐秘相通。

"暮从碧山下，山月随人归。却顾所来径，苍苍横翠微。"喜极了李白的这几句诗。而现在，走在白象塔下的塘河边上，暮从塘河下，灯火依次起。却顾所来径，波光潋滟明。

且行且止。不知不觉又是夜晚。回城的路上，大吉请我到一处名为"农家小院"的地方吃饭。饭店里虽有农家风情，却是去芜存菁的农家风情，装饰天然而不粗糙，菜肴简单却又清新，可见老板审美趣味的不俗——中国的韵致就是如此。往往会看到，一些很不堪的酒店却很爱叫什么国际大酒店，而一些腹藏珠玉的地方却会有着特别平朴的面貌，起着特别平朴的名字。

在等菜的时间，大吉熟门熟路地带我走到后院，去看藏灯阁。馆主是大吉的朋友，别号青灯先生。这个温州人酷爱灯——准确地说，是灯具。有一则关于他的故事流传甚广，几近佳话：2007年的某天，他在一个上海人那里发现了一枚温州光明火柴厂的"十文"牌火柴标，此标产于1924年。青灯先生从此念念不忘，多次求购，那人不予。执着的他每去上海必去访那人，如是三年，终于得偿所愿，拥有了这枚"十文"。如此这般，积沙成塔，集腋成裘。几年过去，青灯先生则是集灯成馆。如今，他的藏灯阁里，已经有了上万盏灯。为了供养好自己的灯，他在前院开了这家农家菜馆。

我想象着青灯先生拿到那枚"十文"的神情，一定小心翼翼，如护珍宝。或者如护一朵风中摇曳的火焰。可是火柴标，能算是灯具吗？我疑惑。又一想，既然火柴是灯，那火柴标怎么就算不得灯具呢？

从没有见过这么多的灯：羊角灯、狮灯、锡灯、马灯、宫灯、煤油灯、酥油灯、汽油灯……它们或玲珑精致，或简约省净，或妖娆娇俏，或端庄安详，或华丽飘逸，或诗酒风流，虽是形态各异，核心的功能却是共通的：默默地储藏光明。从汉代到当代，这些没有点燃的灯具，组成了一部光明简史。我毫不怀疑，在某一个时刻，如果需要，它们一定会情如热血，让幽暗沉郁的黑夜瞬间透亮起来。

他为什么这么爱灯呢？我又疑惑。再转念问自己：莫非你不爱灯吗？不由得想起，有一位敬爱的师长过生日，我曾发的短信："祝昼清夜静，心灯长明。"这是给他的祝福，也是给我自己的。

也便释然。

灯光，灯光，灯，即意味着光。灯光，总是需要的。房子需要它，道路需要它，人更是需要它照亮身外和心内的黑暗。而某个地域人文历史对它的需要，就体现在一个又一个人身上。——我之前以为塘河就是一条河，现在才知道它更意味着人，一代又一代可爱可敬的人：谢灵运、王羲之、玄觉、叶正则、黄公望、弘一、琦君、苏步青……当然也包括诸多为温州人文输入赤诚热血的当今之士。我相信，无论温州对于他们是常驻还是暂居，是故土还是家园，他们的深迹，皆是、正是或必将是塘河上熠熠闪烁的德厚流光。

不由得又想起孔子。事实上，只要想到灯的话题，我就会不由得想起他。"天不生仲尼，万古如长夜。"这是古人的喟叹。此句史载朱熹，朱熹又说自己取自唐子西。而唐子西则在自己的文字中很严谨地注明："蜀道馆舍壁间题一联云：'天不生仲尼，万古如长夜'，不知何人诗也。"于我而言，著作权是谁都不重要，重要的是这句话说得好。遥想孔子所在的那个时代，混乱、蒙昧、厚颜、粗粝……仲尼如灯，一个民族最原初的精神黑暗，就是由这盏灯开始照亮的吧？

——道路漫漫，晦暝不期。无论如何，有灯就好。

精彩赏析

　　本篇文章的语言和意境都非常好，具有浓厚的感情色彩，作者用诗意的语言来描写塘河，营造出一种诗情画意、朦胧的氛围。"春花秋月何时了，往事知多少。""暮从碧山下，山月随人归。却顾所来径，苍苍横翠微。""暮从塘河下，灯火依次起。却顾所来径，波光潋滟明。""天不生仲尼，万古如长夜。"文中多处引用、化用诗词，文采斐然，给读者带来丰富的审美享受。作者即景生情，由藏灯阁引发对心灯的思索，表达了对照亮黑暗的精神的歌颂。

永康知福

🌸 **心灵寄语**

> 永康是一方令人神往的乐土，景色秀丽，民风纯良，他们的饮食文化与风俗民情在黄土丘陵与悠悠江河之间代代传承。

永康，这地名，听起来就有吉祥的意思，诸如祝福、赐福、祈福……总之是和"福"有关。行前做功课，看了一些资料，果然是。传说是三国时期，孙权之母因病到此地进香，祈求"永保安康"，不久病愈，孙权大喜，遂赐名为"永康"。

在永康待了短短两日，回想起来，还真的一直浸泡在"福"中。

对于我这个吃货而言，首先感受到的，就是口福。行程的第一站，是古山镇胡库村的胡公文化广场。胡公，即永康最重要的历史人物胡则。胡库村，正是胡公故里。在这个空气清冽的早晨，一下车我就闻到了一股强烈的面食香气。我断定，这是现烤的饼——热气是香气的翅膀。只有现烤，香气才有能力乘着热气如此飞翔啊。

手搭凉棚，四处张望。在胡公文化广场的另一端，果然有一个摊子，是正在烤饼的样子。广场上很多人，有打太极拳的，有舞龙的，还有举着鲜艳的旗幡环绕而行的队伍，颇为热闹，让我这个手机摄影发烧友很是流连，于是就多拍了几张照片，等到赶到摊子那里时，第一锅出炉的饼竟然已经被同行的朋友们瓜分一空，徒留饼香勾人魂魄。

这岂能甘心。我就和另外两个没吃着的朋友在摊子前盯着第二锅，顺便拍照。阿姨们排成一字，有条不紊地流水作业：和面、揉面、撒黑芝麻、切出饼胚……最后一个环节才是进炉烘烤。大队伍已经离开了，我们还倔强地等待着。事情就是这么有意思，越等，就越要等。好像等待成了一种投资，不达目的，就亏了本。——可不是一种投资吗？虽然我们貌似什么也没干，但投入了时间，也投入了期待和渴望。

边等边和阿姨们聊天。

"阿姨，这叫什么饼？"

"南瓜饼。"

"也叫胡公饼。"另一个阿姨说。

"和胡公有什么关系呢？"

"是胡公发明的吗？"

"还是胡公爱吃的？"

我们的讨教让阿姨们面面相觑。

"这个……不知道呀。"一位满头白发的阿姨腼腆地笑。

"反正就这么叫了嘛。祭拜胡公的时候，都要献这种饼的。"另一位阿姨说。

我释然。既然祭拜胡公时要献此饼，那这饼名就算有据可依。民间可不就是这样？想记住谁，就会在具体事物上打上标签，苏堤、东坡肉、左公柳，莫不如此。顺手上网查了一下，有介绍说这饼的主料是面粉、南瓜和红糖，做好后可多天不变质，多年前是人们远行时携带的上佳干粮，俗称"角干饼"。因为胡公的关系，不知何时又开始被称为"胡公饼"。

终于，饼出锅了。一块块的，黄澄澄的，金锭一样铺满了大圆锅，好看极了。顾不得烫，拎出来一块放进嘴里，满唇满齿的香甜。一点儿也没觉着齁甜，是极绵厚的甜，极耐品的甜，仿佛甜了很长很长的光阴。

我忙里偷闲将这饼发了一个头条，很快有网友评论说："不加南瓜的更常见，有加白糖和红糖两种，在金竹降山上农家乐，用柴火大锅，炕得一面焦黄香脆，一面松软甜糯，口感超好，回味无穷。"可惜此次行程中不到金竹降山，思而不得，存个念想吧。

在舟山镇的村子里倒是吃到了一顿丰盛的农家乐。不夸张地说，每一道菜都值得赞美。按说都是平常的，可平常中总有些不平常。比如作为主食之一的肉麦饼。酒店的早餐里也有肉麦饼，吃着也不错。但村子里的显然更胜一筹。虽然品相远不如酒店里的精致，味道却是更为醇厚。——接地气的饼，当然不一样。比如笋干，明明也是其貌不扬，口感却很鲜嫩筋道。比如豆干，有一种奇异的熏香。还有清炒栀子花，吃一口，简直就是尝到了整个春天的花园。再比如一盘最朴素的"五谷杂粮"：浅土黄的花生、深土黄的芋头、紫黑的菱角、赭色的板栗，这些都有些黯淡，可盘中间偏偏摆了几块鲜亮无比的玉米，一下子就让这道菜有了灵魂。对了，很不该忘记餐前的水果：柿子！我发誓我从没有吃过这么好吃的柿子，脆甜如最上乘的苹果，却比苹果的甜还要深沉。

"这就是方山柿吧？"我问。主办方提供的资料里介绍说，方山柿是永康的地方传统名果，已有上千年的栽培历史，宋朝时曾荣为贡品。

"不是。方山柿还没下来呢。要再等等。"本地的朋友答。然后他们就说起了方山柿，汁液如何丰沛，纤维如何细腻，果浆如何饱满……说南宋的永康籍状元陈亮曾赞"其味如兰。"——眼前的柿子已经这般美味，难以想象方山柿又该是怎样的"其味如兰"。亦思而不得，再存个念想吧。

相比于口福，眼福的印证比较直观简便。因为手机强大的拍照功能，所见到的美都被我有效定格。如今一一翻开，却发现居然是如此难以描述。比如圆周村，作为此地最有文化格调的村落，仅村头的睡莲就占去了手机不少内存。中原的睡莲早已凋谢，江南的睡莲却正开得迷醉。蓝紫色的、嫩黄的、粉白的、玫红的，这儿一朵，那儿一朵，并不繁多，也不寥落，疏密有致。而在河池旁的墙上，凸雕的荷花们也正静静绽放。墙上素净，水中斑斓、墙上坚实，水中梦幻；荷莲依偎，相映成趣。

在舟山二村，我拍了足有两三百张。这是一个典型的古村落。现在，很多古村落都是新造的古，是伪古，这里却是真古。古是真古，旧自然也是真旧，且很多细处还来不及精修，裸露着岁月斑驳的细节。这都甚合我意。于是，我拍啊，拍啊，大橱、踏床、长脚桌，梅花木窗、美人靠的栏杆……整理这些图片时，我发现，仅是各种各样的门，都可以成为一个系列了。对了，还有花。怎么能少了花呢？南瓜花、凌霄花、丝瓜花、鸡冠花，处处可见指甲花。构成一个花系列，也是毫无问题的。

耳福无他，自然就是胡公故事。本地的朋友们，几乎都能说出胡公的几桩善行义举。比如"遣返役夫"，是说他在河北为官时为修城防的民夫请愿上书，极力争取，让他们得以返乡。"三保庄田"是说他在福州为官时，朝廷曾授权百姓免租拓耕的荒滩，后因财政紧张又想要售卖和加租，他三次为此事奏本，成功维护了百姓的利益。"奏免丁钱"，是说他为工部侍郎时，江南大旱，他将民众之艰难上奏朝廷，使得衢婺两州的丁钱永远得免……这位在永康人人皆知也人人皆敬的人物，为官四十七年，历宋太宗、宋真宗、宋仁宗三朝，受历代皇帝十二次封赏。范仲淹评价他："进以功，退以寿，义可书，石不朽，百年之为分千载后。"

——"政声人去后，民意闲谈中"。所以，千年之后，家乡的人们还在以各种方式纪念着他，甚至尊称他为"胡公大帝"，将他视为一方福星。

永康最大的福，当然就是他了。胡公，他是永康的人福。

口福、眼福、耳福、人福。身在永康这个福地，我知福了。

精彩赏析

这是一篇游记文。作者用生动的笔法描述了在永康游玩的经过，文中作者对永康人和环境的描写简洁而有层次，也抓住了特点，从"口福""眼福""耳福""人福"四个方面将永康这一福地的风土人情娓娓道来。"口福"提到了胡公饼、农家乐和方山柿的美味；"眼福"列举了圆周村和舟山二村的美景；"耳福"讲述了胡公的几桩善行义举；"人福"赞扬了胡公为民造福。最后自然而然总结全篇，抒发情怀："身在永康这个福地，我知福了。"情感真挚细腻，言有尽而意无穷。

丝绸课

🌸 **心灵寄语**

> 中国是丝绸的故乡，丝绸是中华文明的印记，丝绸与中国的礼仪制度、文化艺术、风俗习惯、科学技术等有着密切的联系。

以前见到文章里形容什么地方要紧，会用上"重镇"这个词，总暗暗有些疑惑，既然这么要紧，镇的规模是不是太小了？到了盛泽，这种感觉越发强烈。对于中国的丝绸来说，这里是名副其实的重镇，甚至是最重要的镇，有系列头衔为证：中国纺织名镇，中国丝绸名镇，国家级丝绸星火密集区，全国十大面料及纺织市场第一名——镇，用来限定盛泽，真是太不够了。"丝绸之都"？嗯，这倒是恰当的。

两日里，这丝绸之都给我结结实实上了一大节课。城市规划馆，东方纺织城，天蚕祠，丝绸博物馆，恒力集团，上久楷宋锦……上课的地方不同，老师也不同，课的内容却是万泉归一：丝绸。

自然是先从蚕宝宝开始。在河南，贪吃的我看到桑树，涌上来的第一个念头就是酸甜适度的桑葚啊，好吃。而对盛泽人来说，看到桑树的第一念头肯定就是桑叶，第二个念头就是蚕宝宝。关于蚕，我的信息储备除了"春蚕到死丝方尽"没别的了，丝尽之后呢？一片空白。在盛泽才知道，就漫长的丝绸之路来说，丝尽不过是最开始。丝尽成茧，下一步是沸水煮茧，等到茧舒软时理出丝来，这个过程，叫作"索绪"。绪字的源头原来是这里！我恍然大悟。再查《说文》，赫然曰："绪，丝端也"。端即头，绪即丝线的头。却原来，所谓的"头绪"还真是头呢。还有"绪论"，可不是也得放一篇长文的头里？这么一想我便开了窍，凡是丝字旁的，多少都该与丝绸之事沾边了吧？线，纯，练，纳，缕，绚，绕，纹，绮，有的干脆就是搭伴而行：经纬，缤纷，纤细，终结，纠缠，绰约，突然想到"络绎不绝"四个字里有三个呢，不绝之后怎么办？续呗。

索出的"绪"引入缫丝车的丝眼，将丝线绕在丝架上，制成生丝。生丝再经过络丝，捻丝，牵经，卷纬，精练去胶质后，柔软有光，便成熟丝，再然后，染色，印花，烘干，裁剪，缝制，熨烫……行笔至此，顿觉得文字的轻浮。不是吗？尽管每一道程序都可以用寥寥几字如此简写，但在具体的操作过程中，不知含着多少人的辛苦劳作啊。

不由得想到鼎鼎大名的苏州织造。这个机构的主要功能是织造宫廷所需的丝织品。康熙、乾隆每次南巡江南，在苏州均宿于织造府行宫。苏州织造能造出多少种花色呢？一般的就不必说了，说点儿让我长知识的生僻的吧：闪缎、蟒缎、杨缎、彭缎、素缎、云缎、妆花缎、片金缎……还有纱、寿字纱、教子纱、平花纱、漏地纱、御览纱、银条纱……高端的丝绸谓之锦，锦又分宋锦、蜀锦和云锦，而仅宋锦又分大锦、小锦、合锦。锦绣锦绣，既是要绣，又怎么能离得了这些动人之极的颜色呢：金黄、明黄、鹅黄、杏黄、橘黄、柳绿、葱绿、碧绿、墨绿、翠绿、牙白、精白、鱼白、月白、茶白、艾青、鸦青、竹青、石青、真青、元青、雪青，还有本色、豆色、玉色、秋色、松花、黛蓝、沉香……最为明亮、清晰和稳定的被选为官用十四色，再拓宽一些，便是上用二十二色。看明白了这些，你读明清小说的时候，才有能力想象出什么是"元色白花冰梅锦""团龙寿字天华锦""上青五彩折枝蝴蝶妆花缎""缕金百蝶穿花大红洋缎窄褃袄""五彩刻丝石青银鼠褂""江牙海水五爪坐龙白蟒袍""大红金蟒狐腋箭袖"……

"遍身罗绮者，不是养蚕人。"在先蚕祠，供奉着最早的养蚕人嫘祖，这座先蚕祠在我国唯此一座，俗称蚕花殿。嫘祖便是蚕花娘娘，又称"蚕神"。据说她是最先教民众养蚕织丝的人，每年的"小满"节气，相传是她生日，盛泽镇便每年此时在祠里举行公祭嫘祖大典，同时将连唱数天"小满戏"以酬谢她的恩泽。

在盛泽的丝绸历史上，蚕花娘娘不止一个。被誉为中国蚕丝界泰斗的郑辟疆先生，他的妻子是费孝通的姐姐费达生，看相关资料得知，费达生14岁入江苏省立女子蚕业学校学习，1920年夏从女蚕校毕业，被选到日本留学，就读于东京高等蚕丝学校制丝科，回国后她再返女蚕校，当时中国农村只养一季春蚕，她和同仁们一起开展合作运动，长期深入农村，组织蚕丝合作社，改进养蚕制丝技术，推广科学养蚕，因了她们的努力，农村开始饲养秋蚕，使桑叶得到充分利用，农民的收益大有提高，她们的努力获得了丰硕成果，为太湖地区的蚕业改良奠定了良好基础，深得蚕农的信任和爱戴，赞美她们为"蚕花娘娘"。二位的爱情也极有意思。郑先生一生痴迷于桑蚕丝绸科技推广，费先生作为他的学生陪伴始终，他们"丝"了这么久，早就把彼此织在了一起。但直到1950年3月12日，浒墅关蚕丝专科学校成立38周年校庆时，作为校长的郑先生才宣布和费先生结为夫妇，那一年，他70岁，费先生48岁。

临去高铁站之前的一点儿时间，本地的朋友带我们去逛了一会儿，到了那条流光四溢的丝绸街，我们扎进一家店就买起来。店员是个圆润的中年女人，实在是会做生意。我们砍价，若是觉得我们砍得不像话，她会笑眯眯地来一句外语："I am very sorry!"（我很抱歉。）若合适交易，她就笑眯眯地包好给我们："这是'双十一'才有的团购价，划算呢。"我逗着她，继续尝试着往下砍，她还是笑眯眯地："做人要知足啊，妹妹。你让我赚一些，我有一颗感恩的心啊，妹妹。如果这是我的店，我就再低一些。我也是给人打工的呀，女人何必难为女人呢，妹妹！"

一屋子人都笑了。这是什么逻辑呢？似乎是混乱的，不过细想一下，其实也能成一点儿道理，尤其是在盛泽上了这么一节课之后。不是吗？既然这丝绸是女人在买，也是女人在卖，从古到今也都是女人在做……突然想起在丝绸博物馆看到的两行长长的名单，一行是全国桑蚕纺织系统劳动模范以及五一劳动奖章获得者名录，还有一行是全国丝绸工业操作能手名录，上榜者应该都是这个行业最厉害的人吧，看名字就知道多数都是女人，张金妹、陈菊花、沈建兰、钱福珠、周美凤、顾玲宝……一直觉得，如果衣料也有性别分属的话，那么毫无疑问，女人最应该归于丝绸，丝绸也最应该归于女人。就连佚名氏在《盛湖竹枝词》里传出的相思之意也是把女人和丝绸缠绕在了一起：

阿侬居近画师桥，

淡淡眉山日日描。

一自郎船贩缯去，

怕人偷听不吹箫。

缯，帛也。帛，丝织品也。民曲中会出现这样的风物，也只有在盛泽这样的地方。盛泽，细细琢磨一下，这个地名真好，盛字好，泽字更好。看地图，盛泽周围全都是什么港、什么浜、什么湾、什么湘……这就是盛泽所在的江南啊。因为水，所以有鱼米。更因为水，所以有丝绸。水一样潋滟的丝绸，如果不流淌在这样的地方，还能是哪里呢？

精彩 赏析

文章层次清晰，结构分明，开头总写盛泽是名副其实的"丝绸之都"，然后分写在这里听到的丝绸课：养蚕吐丝的习俗、制作丝织品的工艺、著名养蚕人的故事，最后抒发感慨，赞美盛泽的钟灵毓秀。"闪缎，蟒缎，杨缎……""金黄，明黄，鹅黄……""元色白花冰梅锦，团龙寿字天华锦，上青五彩折枝蝴蝶妆花缎……"文中多处运用列举的方式讲述丝绸文化的博大精深，通过丰富的历史渊源和有趣的现实经历来体味丝绸工艺的美妙，情感充盈，富有感染力。

天蒙山的虚和实

🌸 **心灵寄语**

> 虚与实并不是独立存在的，而是相对的、相互融合的。天蒙山虚实相生，形成一种无画皆成妙境的审美意境，给人留下无穷的联想。

"让艺术插上翅膀"，这句从小就听惯了的话，在很长一段时间里，我以为不过是一句虚飘的抒情，长大了才明白，这话其实一点儿也不虚飘。艺术这东西，它真有这本事，甚至不用谁给它插上翅膀，它自己就能生出翅膀，这翅膀还会有千万种模样：大翅膀、小翅膀、厚翅膀、薄翅膀、金翅膀、银翅膀、铁翅膀、纸翅膀、翅膀们高飞、低飞、远飞、近飞……飞到无数人的生活中，世界里。

对我而言，那首《沂蒙山小调》就是如此。"人人（那个）都说（哎）沂蒙山好……"不知道从什么时候起，这调调就在我心里扎下了根。不过，必须得承认，在没见到沂蒙山之前，我不认为自己属于歌里的那个"人人"。我只能说，这个歌儿好。作为一个柴禾

147

妞，我酷爱民歌。

这个秋天，终于来到了沂蒙山。沂蒙之名，便是沂水加上蒙山。蒙山覆及四个县，20世纪90年代，临沂市做旅游规划，根据各县蒙山的不同特色，分出了四蒙：平邑的龟蒙、蒙阴的云蒙、费县的天蒙、沂南的彩蒙。四蒙如同四个孩子，都姓蒙，都是蒙家。

我所到的，便是费县的天蒙。上山这天，有微雨。秋天里容易秋高气爽，看惯了湛湛蓝天朗朗晴日，这天蒙山的微雨就显得有了新意。云蒙，雾蒙，树蒙……总之一切都很蒙蒙。这微雨，甚合我心。既不妨碍行走，人又不多——人不多，这个特别重要。再好的地方，人多了都会碍景呢。

"天公不作美！"听到路边有游客怨叹。

"修得一身水——"另一位游客接话。

听见的人都笑了。我也笑了，为接话者的智慧。又想，既然这一身水是修来的，天公这也是作美了吧，也默默地为那个怨叹的人感到遗憾。天公在作美，君无赏美心啊。

山石的轮廓像浸泡在薄薄的牛奶里，是典型的国画留白的韵致，能见度自然很低。也恰是因为能见度低，不知道远处是什么，也就没有了预期，因此走近之后细端详的每个景点，仿佛都是意外的馈赠。好在早就领教了齐鲁大地的厚重人文，意外过后便也觉得顺理成章。比如"瞻鲁台"。这是孔子周游列国时，在鲁国登蒙山之地，在此吟出"登东山而小鲁，登泰山而小天下"。乍看见此台，会感叹，这是孔子老师驻跸过的地方呢。再一想，作为鲁国人，孔老师到此可不是最自然的事？

再比如"丹丘谪仙",丹丘,就是"丹丘生",指的是唐代隐士元丹丘。文字资料介绍说丹丘生和范十在此修炼,李白和杜甫前来寻访。这么说,我的河南老乡杜甫也曾莅临?这可太亲切了。杜甫一生困顿,在漂泊中游历大好河山是他穷苦生活的重要慰藉,他是李白的"粉丝",跟着李白赏美景更是珍贵的欢乐吧。

"齐鲁地"也很有意思。一块大石,中间裂开,左边是齐,右边是鲁。这是什么出处?本地朋友介绍说山下大田庄乡有个齐鲁地村,村东有条南北向的丘陵,俗称"土龙脊",春秋战国时期是齐、鲁两国的军事分界线,南为鲁,北为齐。民间传说,秦始皇统一六国后,有士兵留恋此地,便在土龙脊两侧定居下来,繁衍生息,形成了齐鲁地村。

"听到这个村子的来历有这么一个说法,我们如获至宝。有这个说法就行,估计也是大差不差吧,管他呢,我们就这么给他们定了!我们把龙脊这条线顺到山上,就有了这么个景点。好吧?"

当然好,我喜欢。发展旅游业,名头先传出来最要紧。放到筐里就是菜,这道理朴素又强大。而且,确实,大差不差。反正这里就是齐鲁之地,更何况还有以言之凿凿的民间文学为依据的齐鲁地村呢?又不是做考古的,细抠那些虚情实况的比例含量,有什么要紧呢?《红楼梦》是虚的吧?正定的宁荣街、荣国府却是实的,荣国府里的荣庆堂、荣禧堂、贾母花厅,也统统都是实的。有数据统计,1987年荣国府盖成,不过花了三百多万,当年的旅游门票就卖了两千多万。北京还有个照着小说里的样子盖的大观园,我还特地跑去看了看,林黛玉的床、探春的屋子,游客们一个个好奇地进去,满足地出来，谁的心情不恳切呢？

据说有无数人到了伦敦，会因福尔摩斯而去贝克街。我如果去了伦敦，肯定也是这无数人中的一个。如果到了意大利的维罗纳，我肯定还会去看看那个著名的阳台。维罗纳是莎士比亚笔下罗密欧与朱丽叶的故乡，因为《罗密欧与朱丽叶》的关系，世界各地的人们慕名而来，维罗纳人干脆以实就虚，把朱丽叶原型所属的卡普雷提家族的一处房屋命名为朱丽叶故居，还根据莎翁剧中描述的样子，在故居的后院建造起一个"朱丽叶的阳台"。难以想象，这阳台沐浴过多少热切的注目啊。

"强大的虚构产生真实"，大作家博尔赫斯曾如是说。这就是文学的力量。因文学的虚构而成为实际的旅游之地，就是强大的虚构倒逼出了真实。所以啊，旅游和文化，旅游和文学，怎么能掰扯得开呢。假作真时真亦假，真作假时假亦真。虚为实时实亦虚，实为虚时虚亦实。真真假假，虚虚实实，也许这就是一切艺术的奥妙吧。

天蒙山景区显然深得此道。所以这里有从奥地利多贝玛亚引进的世界最先进的索道——坐缆车固然可以用凌空蹈虚的方式来赏景，这里的缆车却还是与别处不同：有水晶缆车。红色外框的那种，就是水晶缆车。说是水晶，其实是玻璃。没错，就是为了能让你的视野360度无死角，所以你的脚底板下也是玻璃。

脚底板下是玻璃的不只是缆车，还有塔山顶上的空中观景台。站在玻璃台上，你眼前是青山叠翠，脚下是绝壁深渊。但最极致的玻璃体验还不在此，而在一座桥上。这桥保持着一项世界纪录，是"世界第一人行悬索桥"，最长，跨度最大。桥中间有一段，大概六十米吧，也是玻璃的。当你走在玻璃桥上，上下左右皆空，唯有大风猎猎，会有御风而行的神奇幻觉。

玻璃，无遮无挡，晶莹剔透——在这里，就是要让你凭借着虚空感最强的玻璃，来痛饮这最实在的美景：

看吧看吧，像做梦一样。

看吧看吧，像仙人一样。

看吧看吧，像有翅膀一样。

有意思的是，看到的越多，就觉得看到的越少。看到的越少，也觉得能看到的越多。这是为什么呢？

"人人（那个）都说（哎）沂蒙山好，

沂蒙（那个）山上（哎）好风光……"

在山下的沂蒙山小调活态博物馆，我终于听到了韦友芹《沂蒙山小调》的原唱，这毫无雕琢的歌声，高亢、脆亮，稍微带一些粗粝。这来自大地和民间的歌声，听得让我想要落泪。我看不见这个人，只能听到她的歌声。她既虚幻又真切的歌声穿越了时间，结结实实地笼罩着我。不知道有没有人和我同感，听民歌，最让我反复品味的，就是"那个""哎"这些虚词。我一直都觉得，就是这些无法用实词来言喻而只能用虚词来传达来的气息，最是沁人肺腑。

精彩
——赏析——

　　作者开篇引用民歌"人人（那个）都说（哎）沂蒙山好……"，简明朴实，生动灵活，富有音韵美。接下来主要描述了天蒙山的风景美："山石的轮廓像浸泡在薄薄的牛奶里，是典型的国画留白的韵致。"运用比喻的修辞手法，写出了天蒙山的风景如画。天蒙山的人文气息浓厚："瞻鲁台""丹丘谪仙""齐鲁地"各有谐趣。天蒙山景区的设施先进：水晶缆车和空中观景台把虚实结合运用到了极致，让人"凭借着虚空感最强的玻璃，来痛饮这最实在的美景"。最后首尾呼应，以民歌作结，"人人（那个）都说（哎）沂蒙山好，沂蒙（那个）山上（哎）好风光……"意蕴悠长，回味无穷。

徐州的徐

🌸 **心灵寄语**

> 徐州是中国古代九州之一，范围大致在今淮海地区。《尔雅》解"徐州"州名云："淮海间其气宽舒，禀性安徐，故曰徐。徐，舒也。"

出差路上，途经徐州很多次，但直到 2019 年的这个深秋，我的双脚才第一次真正落到徐州的土地上。

因为途经很多次，就觉得徐州很熟。又常听豫东商丘的朋友说起徐州，就觉得徐州更熟了。尤其是商丘永城的人们，在他们的话题里，徐州是个高频率的地理名词。他们会说，要去徐州找什么什么人，要去徐州买什么什么东西，要去徐州办什么什么事。想来，在平民百姓的意识里，行政地域划分并不是那么重要，他们更多的是根据自己的习惯来经营自己的日子。而相比于郑州，徐州确实是和他们的生活更亲近的重要城市。

以前每每第一次到某地，我都有些急冲冲的想看这儿看那儿，但对于徐州，因为是这样熟，我就一点儿也不急了。

慢慢看，徐徐看，便渐渐体会到了徐州的徐。

徐州的徐，在乡下。

乡下的节奏，本来就是慢的。徐州乡下的节奏，仿佛又格外慢。

在汉王镇的一个村子里，我们喝了好一会儿的茶。茶馆有点儿特别，是一列绿皮火车。这种火车，在铁轨上奔跑的时候，也都是最慢的火车。现在退休了，索性停在了这里，成了最慢里的终极慢。不，它甚至化身为倒退的时光，容着我们这些闲人聚在这里，想闲话就闲话几句，不想闲话就只是喝茶。若无俗事上心头，便道天凉好个秋。最惬意的闲暇，就是如此吧。

在一户人家门口的矮墙上，卧着几只鸡。毛色特别艳丽，气度特别从容。我们看着它们，它们也看着我们，一点儿也不怯。我们就慢慢地走近，拿手机去拍它们。它们一动不动。当我们走得特别近的时候，它们似乎有点儿嫌弃我们，就走开了。也不是那种慌里慌张地走开，而是慢慢悠悠地走开了。

在另一家门口，邂逅到一个老太太烧地锅的场景。这场景如今不大能见得着了，有些稀罕，大家就围着看起来。火焰温暖地扑棱着，照着老太太的脸。她慢慢地折着柴禾，把柴禾折成大致长短的样子，再慢慢地送进灶肚子里。锅盖神秘地盖着。我就问她："锅里面是什么？"她回答的口音方言味道很重，听得不是很清楚，我特别想听清楚，又凑近了问，是什么？终于听清楚了，她回答说，是茶。

旁边的朋友已经按捺不住掀开了锅盖。是白水。

嗯，没错，白水也是茶啊。

在云龙湖公园，有一条沉水长廊，特别有意思。所谓沉水，就是步道的路面比水面要低，且低了不止一点点，而是足有一米。人走在步道上，远远看去，如在水中。往近里看呢，步道两边的玻璃里都是湖水，一群群的锦鲤在优哉游哉地游来游去。尤其是在拐角处的正方形小广场那里，环顾左右，四面玻璃里都是鱼，形成了四堵斑斓的鱼墙。这在某个瞬间，会让人有自己是鱼的神奇幻觉。

很多人在这里拍照。集体照、婚纱照、情侣照，或者自拍。一个衣着讲究的老妇人先是走在我们前面，后来就落在了我们后面。她在让先生给她拍照。拍啊拍，拍啊拍，拍啊拍。每拍一会儿，她就要检查一下手机，各种批评，各种反驳，各种商讨，各种重来……然后再拍。先生也不烦，估计也是不敢烦。妇人嗔怪着撒着娇，面对镜头时又是一脸温柔。

这就是幸福吧，最平凡最家常的幸福。

公园里也有很多暴走的人，不过像我们一样慢慢走着的人更多。我们——是的，那些不知名的陌生的慢走者，其实也是我们——慢慢地走着，常常你落到我后面，我落到你后面，好像在比较着谁更慢似的。这感觉，真好。

树叶红的红，黄的黄，有的处于黄绿之间，透着蓝天，缤纷耀眼。黄昏时分，夕阳西下，太阳给树叶们镀了一层金，那颜色更是好看得不真实。"树树皆秋色，山山唯落晖"。就是如此吧？不，可以把"山山"改一下，叫"叶叶唯落晖"。

有时候我会觉得恍惚，似乎这些树叶是一夜之间被染成这样的。可是，怎么可能呢？每一片叶子，都是一天又一天，由春天，到夏天，再到秋天，慢慢儿地，才能变成这样的啊。

它们是这么的慢，我们欣赏的时候，怎么好意思快呢？

在徐州吃饭，也是要慢慢地，因为饭着实好吃。好吃的东西，可不就是要慢慢地吃？烙馍卷馓子，羊方藏鱼，蛙鱼，杂拌，把子肉，羊角蜜，蜜三刀，笋干，辣汤，面疙瘩小面鱼汤……无论是软软的、脆脆的，还是筋道的、酥嫩的，都是香的。香和香不同，各有各的香。想要细细领略，只能在舌尖上，一口一口地，慢慢儿去品。

对了，还有一道读音为"啥"的 sha 汤，那个字是生造出来的，左边是食字旁，右边是一个"它"字，用母鸡、云骨和麦仁等一起熬煮，有麦片、面筋、胡椒粉、海带等多种料，味道鲜美。传说里，这是乾隆皇帝喝过的传承几百年的汤。这样的汤，可不得一口一口地，慢慢儿地喝？

忽然觉得，徐州的徐字，值得细讲究。徐，是双立人加一个余。这双立人的两个人，我想，也未见得一定是一男一女。当然，可以是异性，却也可以是同性。也未见得就是两人，也可以是虚指的三四个或者一小群，总之是或亲或友，老少咸宜，能谈得来就行。彼此结个伴儿，也都有空余的时间，那便聚在一起，慢慢地走，慢慢儿地赏，慢慢儿地听，慢慢儿地吃，慢慢儿地喝……慢慢儿地，享受这一切。

能享受到的这一切，都是好的。因为，凡是徐的，总意味着沉静、踏实、笃定、优雅……凡是徐的，总意味着上佳的质地，总意味着那么让人安心的，好。

徐州的徐，就是这样好的徐啊。

精彩
赏析

　　"慢慢看，徐徐看，便渐渐体会到了徐州的徐。"开篇点题，引出下文。徐州的徐体现在许多方面：绿皮火车茶馆慢成倒退的时光，散养的鸡气度从容，老太太烧地锅慢慢悠悠，湖中锦鲤优哉游哉，拍照的老夫妻温馨和睦，公园要慢慢地逛，秋叶要慢慢地赏，美食要慢慢地品，这些全都围绕着"徐"字展开，字里行间流露出在徐州游玩的悠然和惬意。"凡是徐的，总意味着沉静、踏实、笃定、优雅……凡是徐的，总意味着上佳的质地，总意味着那么让人安心的，好。"结尾升华主题，表达了对徐州的赞美。

全州二题

🌸 **心灵寄语**

> 全州盛产优质稻米，素有"鱼米之乡""桂北粮仓"的美誉，由此形成独特的饮食习惯和民俗风情。

1. 米粉、禾花鱼、空心菜和牛皮

去全州之前，在网上查了当地美食，网友们重点推荐的有三样：红油米粉、醋血鸭，还有禾花鱼。

晚上到的全州，在酒店吃的晚餐，没有米粉。第二天早上就想出门去吃红油米粉。其实我吃辣很弱，可到底抵不过馋，还是决定去吃。

听说酒店的早餐里就有，不过根据经验，酒店里的基本都不如外面店里的好吃。

和朋友出得门来四处看，到处都是米粉店，酒店旁边就有好几家，看得眼花缭乱。她决定说去吃那家叫"神卤米粉"的。为什么？因为是连锁店。连锁店有个好处，不会太好吃，也不会太难吃，能取个中间值。

有道理。那就去。

这家是大红门头，招牌上四个大字：神卤米粉。旁边是小字：桂林米粉，浏阳蒸菜。

浏阳岂不是湖南？再一想也很自然，这里和湖南挨着，在历史上属于长沙郡，离永州不远。更何况这里也有湘江，湘江是从这里流到湖南去的。

店的布置是个大通间，一眼能望到底。门口点单，最里面做粉，自助。粉有两类，一类是桂林米粉，一类是原味汤粉。原味汤粉不也是桂林米粉吗？我自困惑。我们二人点了原味汤粉——原来这里没有红油米粉。也好，反正我吃辣也不行，反正也是桂林米粉。等粉的时候，我研究了墙上的价目表，发现了有趣之处。就桂林米粉来说，白天六点到夜里六点这期间，一两四元，二两五元，三两六元。而从黄昏六点到夜里六点这期间，各涨了五毛钱。原味汤粉的价格却不变：二两六元，三两七元。

也不知道是为了什么。

粉是一份份准备好的，烫一下即可。都是阿姨级别的中老年妇女，手脚麻利。烫粉旁边还有一个案，一个女人在当当当地切肉。朋友说，这是脆皮。这脆皮其实就是猪的肥肉炸了一下，表皮脆脆的。我直觉吃不下，朋友坚持要，说应该尝一下。我们俩要了五块钱的。然后去加配菜。配菜我喜欢，有海带丝、香葱、香菜，还有我特别爱的酸豆角和酸笋。再然后去加汤。坐定，开吃。我把脆皮全夹给了他。真的，我一片都吃不下，尤其是早上。

味道没有想象中的好，不过也还可以。

店里挂着米粉歌谣，读起来很像老板自己写的：

年年开心吃米粉

代代风光写功名

天下游人倾桂林

神卤欲倾天下人

桂林米粉走天下

天下美食汇桂林。

　　这里的招牌都挺有意思的，和这里的人一样，有一种天真自然之气。如在房间里看到提示牌，不让抽烟，如此说："房间是温馨的，是需要爱护的……"，街道十字口宣传牌则是："卫生是城市的脸面"，都有家常之气，娓娓道来。

　　第二天早上，朋友特意叫了红油米粉送到了房间，打开来，肉汤白粉，红油绿葱，香气扑鼻。谨遵朋友告知的红油米粉的享用诀窍：要先吹一口气，把上面满满的一层红油吹出一个小口，吹出红色下面的白汤和白米粉来，然后呢，要以迅雷不及掩耳之势赶快吃一口。我就这么吃了第一口，感觉还真是——辣啊。也可能是从店里送过来的路程有些长，影响了口感，没有预想中的好吃。只吃了半碗，想了想，还是决定去酒店餐厅再吃点儿。

　　餐厅里的米粉也是自助的，自己取，自己烫。看到我笨手笨脚的，有很善良的朋友帮我烫了一碗。我自己加好了配菜，竟然是出乎意料的好吃，比之前吃的两种都好吃。

　　不禁疑虑，莫非我这口味是只适合酒店的了？

　　在酒店里还吃到了不错的禾花鱼。禾花鱼，这名字听着就美味。是稻田里养的鱼，食的是水稻的落花，年产两次。这里的水稻一年两季，这食花的鱼也就跟随着庄稼收获。这是一条有历史的鱼，唐昭宁年间就有了详细的文字记载，清朝乾隆时还曾升级为贡品。在锅里，小小巧巧的，也是好吃的，虽然是中规中矩的好吃。太有名气的物产，因期许也会格外高，所以吃到时多多少少会觉得有些落差。不过，满足还是很满足的，毕竟吃到了嘛。此时的名气又具备了无形的价值，有效地弥补了心理需求。

还在宴席上吃到了一道挺有意思的空心菜，空心菜本是常见的，不常见的是朋友特意说的一句话：这是王力老家的空心菜，是最好的空心菜。王力，自然是好著名的语言学家王力。他老家是博白，属玉林市。空心菜怎么还有最好的？我一直觉得我家超市里的空心菜也不错。不过这也只是腹诽，到处旅行的好处之一就是被迫着见多识广。忙上网查了查，博白空心菜，又叫博白蕹菜，中国国家地理标志产品。其中的细叶尖空心菜，又名小叶蕹，被北京中国农科院所编著的《中国名蔬菜》列为中国名蔬，以鲜美脆嫩著称，在餐桌上的美名是"青龙过海"，多好听的名头儿啊。王力再加上"青龙过海"，使得这道空心菜越发好吃起来，我一个人吃掉了半盘子。

对了，还吃到了浓香筋道的牛皮。很迟钝地听懂了本地朋友们的梗。他们说要赶快吃，吃完了等会儿就吹。

吹什么？

牛皮嘛。可不是让吹的吗。

众人笑。我这才明白过来，牛皮原本就分为虚构和非虚构两种，我平日里只知道虚构的牛皮，在全州，被非虚构的牛皮吸引，居然忘了虚构的牛皮也是经典。

稍微遗憾的是没吃到醋血鸭。下次吧，下次。留个念想。念想如钩，令人难忘。

2. 游湘江

那天，吃完了午饭，来到大堂，发现天下着雨。突然很想去看看湘江。

每到一地，只要这个城市挨着江河，就会尽力去亲近一下。这么著名的湘江，自然是不能错过的。

问了几个人是否同去，都有些犹豫。说，这么大的雨。是啊，这么大的雨显然是不适合去的，可我就是很想去啊，怎么办？

那就去。朱山坡，田耳，还有何述强，这三位陪我去。在昨天下午的好日子，他们其实已经去过江边一趟了，这次就是要顺着我的意思。真是好兄弟们。

朱山坡说要换上酒店的拖鞋，这么大的雨，我们都是皮鞋。是啊，自家的鞋子还是要心疼的。于是上去换鞋，对了，还有拿伞。

出了酒店，就叫三轮车。三轮车非常多，可见是最适宜此地的交通工具。四个人，八块钱。车身是大红色的，上面写着"豪华加长版，畅享优生活"。四人上车，两两对坐，聊起了三轮车的昵称，还真是有的说。我索性发了个朋友圈，征集了个话题，收到的答案精彩纷呈。以"某某子"定调子的是一个系列：三蹦子、三驴子、三马子、电烫子、地奔子。电烫子是因为三轮车长得像个电熨斗，电烫子就是电熨斗。我服了。以 AAB 为模式的是：蹦蹦车、突突车、噗噗猴。有几个特别抒情的称呼还真是让人惊艳，比如湖南人叫慢慢游，深圳人叫麻木——因为会把人的骨头颠簸至麻木，还有一个

"柔姿"，是形容这车开起来扭来扭去的样子，这名字起得这么妖娆，简直堪配琼瑶小说里的女主角。洋气的呢，也是很洋气，有的地方叫"踩士"，和"巴士""的士"是一个系列，还有的干脆就叫摆渡车。天津一位老兄给的答案简直让我们赞叹，他说天津对机动三轮车的叫法是世界级别的，只有提前彻底现代化的城市才能这么叫机动三轮车：狗骑兔子。

说着笑着，就到了江边。有几条船停靠着码头，里面的人要么是在发愣，要么是在打牌。有人起身招徕，我们便应着，讨价还价。每人四十？太贵了。作势要走，船家利落拍板：四个人一百块！得逗的我们嘻嘻哈哈上船，议论着用"四个人一百块"做篇文章，应该也是有趣的。

雨仍下着。朱山坡说，这叫龙舟水。田耳说他老家那里叫龙船水，并背出了典故，是沈从文的《边城》："初五大清早落了点毛毛雨，上游且涨了点'龙船水'，河水全变作豆绿色的。"眼前的湘江水，还真是纯正的豆绿色。也确实临近了端午节，该快有龙船了。

发动机的声音很大，我们说话的声音也很大。大得像吵架。

雨突然下得急，大朵大朵的泡泡开在水面上，溅起来的那一刻，如晶莹剔透的淡灰色花，淡是极淡的，因是极淡的，淡至透明。那么多的花啊，一朵朵开，一朵朵散。远处的水面是明一片暗一片的大团光影，苍苍茫茫，渺然无限。那些山呢，就是泼墨山水画一般。还有那座高耸的塔，是叫雷公塔吗？

静默的时候，我们仿佛都被这情景给震慑住了。

雨又小起来，很快停了。天空出现了蓝色块，太阳也若无其事地出来打招呼了，真是让人没脾气。朱山坡说，他们的天气就是这样。他们小时候在田里收稻谷，家里在晒稻谷。一下雨都飞一般往家里跑，得赶快把晒着的收起来。然后呢，雨停了，再打开晒，再去田里收割。一天要反复个两三次，特别正常。

他是北流人。我问他："你们北流的风景和全州差不多吧？"他摇头否认，说不一样。哪里不一样？"我们没有这么大的江。"

丛林茂密，树木葱茏，潮热的气息、变幻莫测的云雨……以前总觉得朱山坡、林白、李约热等这些广西作家的小说有不可思议之处，现在我都能理解了。他们原本过的就是这样的生活，在外人眼里有魔幻感的一切，其实就是他们的日子。

确实是很大的江。在三江汇流处，江面简直像是湖了。全国有很多三江汇流的地方。两江就没有三江有气势，四江五江似乎又太多了。三江就是刚刚好。三生万物。

江边有很多树，树荫圆滚滚的，我统统不认得。

这树是什么树？

江树。

哦——

就是江边的树呀。

这答案。

再靠近些便分明了一些，有很多柳树，也有槐树。但柳树和槐树到这里似乎变了个样子。

船工磨着方向，似乎想有把船要开到城里的趋势，我们喊他，让他开到更开阔的江面上去。可能在他的经验里，客人们都是要去城里的，像我们这样的不多。

我们要看原始的风景——这话说得好文艺啊。师傅内心里不知道怎么想。

天气就这么任性着，大雨、小雨、中雨，还有晴天，轮番切换。晴天的时候可以说是晴空万里——不能说万里无云。云是预备着的雨，是常有的。白云少，乌云多，映着水面，拍出来每张都是风光大片。

河边有人，看着似乎在洗东西，再近了看，其实是在钓鱼。还看到很肥壮的水禽，似乎是鸭子，又比鸭子大，很像是鹅，且不止一两只。后来确认是鸭子，应该是家养的。

江心也有树，长在小岛上。田耳说，这样的小岛，土地成分很微弱的小岛，叫作渚。江水涨了，树们就和这渚一起泡在水里。江水落了，树们就和这渚一起露出水面。脚下的土地朝不保夕的样子，树们居然能长这么粗，这么坚强。像是奇迹。

船缓缓靠岸，我们又开始在江边漫步，打着伞。雨还是很任性的样子，一会儿大，一会儿小，一会儿晴天朗朗。田耳讲到蒿和桨的用法不同，水深不过一米，适合用蒿。水深过了一米，用蒿就很吃力，插在水里不容易拔出来，就要用桨。他小时候也划过桨。划桨很讲究技术，有些家伙资质好，对把舵有感觉，给他半小时他就会把了。没办法，天生的。

精彩
——赏析——

　　文章以"全州二题"为标题，点明写作对象，又设置"米粉、禾花鱼、空心菜和牛皮""游湘江"两个小标题，结构清晰，主题鲜明。"米粉、禾花鱼、空心菜和牛皮"这一部分主要介绍的是全州的美食，米粉店遍布街头巷尾，禾花鱼有着深厚的历史渊源，空心菜富有美名，牛皮趣味十足。"游湘江"这一部分主要介绍了湘江的美景，天气变幻莫测、反复无常，雨中的江面像泼墨山水画一样美，晴天的江面也有无限的好风光。作者用生动形象的笔触摹形绘景，流露出对全州美食、美景的喜爱。

到海里去

🌸 **心灵寄语**

> 秦山岛是江苏省为数不多的近岸海岛，岛上风景秀丽，素来享有"秦山古岛，黄海仙境"的美誉。

1

虽然是第一次来到赣榆，但是对这里，却有一份由来已久的亲切。这份亲切是因为连云港，因这赣榆，是连云港的赣榆。而对连云港的亲切，则源于连云港的云——很狭隘的，我喜欢把这个云字解读为云台山的云，因为我老家也有一座云台山，一模一样的三个字，云台山。两年前，我还有机缘曾在连云港的云台山大酒店住过两天，看到满眼都是云台山的 logo（标志），就恍若归乡。

有点遗憾的是，虽然去过连云港几次，却从没有去过连云港的港——港也罢了，说到底，想看的是海。这次在赣榆，终于弥补了这点儿遗憾，不仅来到了柘汪港，还在柘汪港坐了一回船，出了一次海，登了一个岛。这短途的海上之行，成了此次印象最深刻的旅程。

岛叫秦山岛。秦山岛，秦皇岛，让人很容易推测这两个岛有什么关系似的，本地朋友一介绍，果然就和秦始皇有关。这岛原名叫琴山岛，因山形酷似古琴。传说王母娘娘曾在这岛上建通天塔，所以又有俗称"奶奶山"。伟大的司马迁在《史记·秦始皇本纪》如此记下："二十八年，始皇东行郡县……南登琅琊，大乐之，留三月。乃徙黔首三万户琅琊台下，复十二岁。作琅琊台，立石刻，颂秦德，明得意。既已，齐人徐市等上书，言海中有三神山，名曰蓬莱、方丈、瀛洲，仙人居之。请得斋戒，与童男女求之。于是遣徐市发童男女数千人，入海求仙人。"极雅的琴山岛或者说极俗的奶奶山应该就是此时沐上了皇恩，成为堂皇的秦山岛。总是如此。无论何事、何物、何人，想要在历史上留下点儿什么，似乎必要和帝王产生瓜葛。由此，物是上贡，事有皇命，人是敕封，方能流芳百世，光宗耀祖。

这里提到的齐人徐市，就是赣榆最古老的名人——徐福。齐不是山东吗？倒也没错，连云港在历史上长期属于山东。在赣榆几天，本地朋友们的口音一听就是山东腔调，顿顿都可以吃到煎饼这种典型的山东美味，这些都可作为有力佐证。

2

船启动了。浪并不大，只是有些动荡，也还好。可是当地的朋友特别关心地对我们反复问："是不是会晕船？""要不要吃晕船药？"我虽然没有吃晕船药，却也有点担心自己会晕船，给人家带来麻烦，所以在游艇里就没敢老老实实地坐着，不时地站起来，东张西望，转移自己的注意力。

出了港，离陆地渐渐地远了，海水渐渐地绿了起来。我干脆就盘踞在船头的驾驶座旁边，和船员们聊起天来。

"这片海域有鲸鱼吗？"

"没有。"

"有鲨鱼吗？"

"没有。"

"有海豚吗？"这种问题，似乎可以无休无止地问下去，反正大海里奇异的生物是那么多啊。

"有的，不过很小很小。"

海面并不太空空荡荡，不时就能看到各种漂着的标志，或者是杆子，或者是浮球，都很有规律地排列着。

"这些标志，意味着下面养着东西，是吧？"

"对。"

"养着什么？"

"黑鲴鱼、刺参、大菱鲆、鲍鱼、海虹、海蛎、扇贝……多了。最多的是紫菜。"

"这海，其实就像耕地一样，都是被承包出去的，是吗？"

"对呀对呀。"

他们的表情是那么喜悦，简直差点儿要说出"恭喜你答对了"。

我便用手机搜新闻，信号不太好，搜了好一会儿，才搜出一则2018年2月份的："……初春时节，赣榆区沿海海面养殖的20余万亩紫菜进入收割旺季，紫菜养殖户抓住晴好天气抢收新鲜紫菜，'海上菜园'一派丰收景象。"

小台子上摆着一本厚厚的书，是《2019潮汐表——第1册：鸭绿江口至长江口》，海洋出版社出版。打开，第一页印的就是站位分布示意图。图上全是港口，我以连云港为坐标中心，上上下下地浏览：岚山、日照、董家口、青岛、滨海、大风、洋口、崇明、上海……海洋的世界，凝聚在这里。如果不坐这船，我可能一辈子都不知道会有这样的书。

抬起头，继续看海。海面茫茫，似乎可以随便走的。我们的船果然也是拐来拐去随便走的样子。

不能直着走吗？我问。当然，我当然知道这么走是有理由的，可我就是想听他们说一说。他们一定觉得我很幼稚吧？很多时候，我愿意让自己幼稚。

他们就笑，说："不能的呀。"

"为什么呢？"

"要考虑洋流啊，风向啊，暗礁啊。还有海下面养的这些东西，网箱啊，吊笼啊。总不好随便踩人家的庄稼嘛。"

是啊。无边无际的自由，这只是幻觉。没有绝对的自由。就像飞机飞在无边无际的天空，也必须遵循一条航线。海阔凭鱼跃，天高任鸟飞？想来鱼和鸟可不敢这么干。渔民们以海为生，当然也早就悟出了智慧的经验。前些时读福建作家周玉美的长篇小说《绿罗裙》，其中写到海上行船的方式，一种是"敲桨"，"所谓'敲桨'其实就是：不正面逆风前进，利用风帆向左倾斜，然后转舵向右倾斜。这样从右到左，从左到右，成了'之'字航道。……这种办法的产生，实在是渔人与海亲近，懂得海的性格，也谙熟它的个性，在海发脾气时，是逆不得的。另一种是'拾浪'，就是船按照浪的律动，时而被推上浪尖，时而又跌入波谷，就这样顺着浪前进。"

敲桨，拾浪，这词语，真美妙。

3

忽然又想起这一段时间正在看的枕边书，作者叫艾温·威·蒂尔，是美国自然文学的典范作家。译林出版社出版自然也是好的，在我这里好到可以免检。艾温·威·蒂尔写了四本关于四季风物的书：《春满北国》《夏游记趣》《秋野拾零》和《冬日漫游》，封面清新简约，赏心悦目，让我拿到就爱不释手，恨不得先睹为快，却也知道偏偏不宜快。最好的阅读方式是：跟着季节，一季一季，慢慢读。这样的书反复印证着一个被许多人忽略的常识：人类是自然世界的一部分。而很多人误以为，自然是人类世界的一部分。

扯远了。

记得《春满北国》里的第三章，名为"天上的春"，在天上看春？是，在天上看春。看什么？天色、积云、鸟群、太阳、星星、月亮……可看的，太多了。当然不止春天，夏秋冬这些季节在天空也都有各自的印记，皆有据可查，只是我们常常既看不到，也不会查。

正如这海。在我们眼里，仿佛只有水的海。除了海水，眼前的海面上确实什么都没有。但一点儿也不妨碍我的想象。或者说，正因为看起来什么都没有，才更适合想象。

"这海，有多深？"

"十来米吧。"

"最深的地方呢？"

"三十来米吧。"

这答案让我很是不满足，甚至有一点点失望。我所知道的海，是那么深的深海。曾在微信上看过一篇文章，内容是说在海底下沉一万米能看到什么，恍惚记得，海面下面一百米处，是带鱼徘徊的深度，带鱼在海里并不像鱼一样游来游去，它惯常的姿态是直立着仰望。海面下将近三百米的地方是海豹和海狮潜水的地方，在这个深度，它们的肺会缩成一团。海底五百米，是蓝鲸栖息的最深处，海底九百米处，独角鲸可以到达，而在海底一千米以下的生物，居然进化出了自体照明设备……在更深处，还有玻璃章鱼，尖牙鱼，两千七百米处有深海鳕鱼游荡，三千一百米处有巨乌贼出没，泰坦尼克号沉没在三千七百多米处，全世界海洋平均水深是三千八百米……

此刻，突然清晰地理解了海子的那两句诗：

天空一无所有，

为何给我安慰。

大海和天空，它们当然不是一无所有。它们有的，太多了。哪怕从没有人知道它们的多，它们的多也一样坚不可摧地存在着。我们看不见是我们的问题，不是它们的问题。我们没看见，只是我们没看见，是我们没有能力看见而已，一点都不妨碍他们存在的丰富性。所以我对这些庞大的事物充满了敬畏感，也充满了好奇心。

终于，秦山岛越来越近。船靠码头，我们上岸了。

4

岛上没有居民，因为军事的原因曾经驻扎过部队，所以有一些很坚固很耐看的房子，装修一番后，很适合做精美的民宿。只是现在还没有对外开放。据说秦山岛很快就要被打造成一个旅游岛，地方上正在做积极准备。盛放的凌霄花开遍了全岛，树上、藤架上、门框上，有的还攀缘到了房顶。

如果一定要找一位居民的话，也许还真有一位：徐福。处处都有徐福的印迹，人人都能讲点儿徐福的故事，这使得徐福很像一位神奇的居民。作为赣榆最经典的文化名片，他的元素早已无处不在。此次安排的行程里，有徐福祠、徐福种药地遗址，还有徐福的故里徐福村。秦山岛上最高大的那尊露天塑像，当然也是他。

走着走着，就下起了雨。本来到了登船的时间，却走不了了。其实起初岛上并没有下，远远的只看到海上那边黑色的天空，渐渐过渡到我们这儿时，天色就变得明亮起来，有经验的船员说，那边下雨了，我们就不宜行船，因为那边的风浪很可能会和我们遭遇。好吧，我们就留在房子里吧。

这样的延宕，我是喜欢的。

我们喝的茶是今年的新茶。茶点是瓜子和花生，还有脆甜的西瓜。茶味儿不错，很清香。也有名头，就叫徐福茶。桌上还摆着一本绘图小册子——《徐福茶的传说》，核心故事讲的是公元218年，始皇来到岛上，觉得腹胀不适，"求著名方士徐福给诊治，徐福入内，见始皇面色憔悴，还闻到了一股积食的气味，徐福取出从山上采来的仙叶煮之，"始皇很快痊愈，问叶片的来历，"徐福奏秉，秦始皇命名为'徐福茶'。"

我忍不住笑了。这传说，如果徐福读到，肯定也会笑吧。作者写的时候，肯定也是愉悦的吧？不管怎样，开心就好。

不由得又想到了徐福。他到底是个什么样的人呢？把民间和官方的说法梳理一下，大概有这么几种：

他是神秘的方士。"方士"之意有三：一是方术之士，即古代自称能访仙炼丹以求长生不老的人；二是周朝官名，掌王城四方采地的狱讼；三是泛指从事医、卜、星、相类职业的人。一和三里，徐福显然更偏重于一。

他是冒险的使臣。这和秦始皇的雄心大略有关。始皇帝为了扩大自己的版图，就派徐福以求仙的名义出海，其实是为了摸情况，打前站，是政治先锋。

他是高明的隐士。始皇暴政，有人正面揭竿，有人曲折抵抗。徐福就是后者。恰如唐代诗人汪遵《东海》诗中所言：

漾舟雪浪映花颜，
徐福携将竟不还。
同舟危时避秦客，
此行何似武陵滩。

如果确属这种，那我推测，他一定口才特别好，特别能忽悠，才能顺遂无比地说服始皇帝，那种情形，是不是有点儿接近于一个可爱的骗子？

不过，我更愿意相信的是，也许他几种可能性兼有，他的才艺标签是神秘的方士，他的政治身份是冒险的使臣，而作为一个高明的隐士或者可爱的骗子，在骨子里，他一定是一个浪漫的人、一个有意思的人，也是一个寂寞的人……总之，是一个值得喝几杯的人。如果他喝酒的话。

5

终于等到了可以上船的指令。要走过一条漫长的小路，才能抵达码头。这种路，我也是喜欢的。艾温·威·蒂尔在《夏游记趣》里说："要熟悉一个地区，能够充分欣赏它，最好的办法便是走过这块地方，而且走得越慢越好。对一个博物学家来说，最有收获的步速是蜗牛步速。……一小时一英里已算很快了，因为他和行人的目标不同。他不在乎走得多远，也不在乎走得多快，而是在乎他能看到多少东西。……更深一层说，不光是他能够看到多少东西，还要看他能够欣赏到多少东西，感受到多少东西。"

跟在队伍的后面，我慢悠悠地走着。似乎是一种奖赏，我们一到码头，刚刚上了船，雨忽然就下了起来，让我们一点儿也没挨淋。

船长说，船还是不能开，再等等。

好吧，那就再等等。这种等，我也是喜欢的。

坐在船里，我看着窗外的雨。这是海上的雨呢。和海比起来，这雨下得那么微弱，那么平凡，简直可以忽略不计。可是它也是那么从容。我喜欢它的从容。

天仍然阴着，雨仍然下着，越下越小。终于，船开了。我们又进入茫茫大海，开始了返程的航行。航，我突然想琢磨一下这个字，这个航字，最容易组的词，就是航空和航海。航空和航海都意味着远航，意味着远方。有多少人都有一颗向往远方的心？想到更丰富更广大的世界里去，想到海一样的世界里去。

航，还能组成什么词呢？对了，在佛教里，它还有渡过的意思，所以会有慈航普度的说法。慈，航，这又是一种怎样的航？也许，没有比慈航更漫长的航行了，当然，这也可能是最短暂的航行。因为，远可以是至远，近可以是至近，人心里的一切，就是这么被衡量的。

终于靠岸了。踏上坚实的大地，我松了一口气。很快，又提起了一口气。从茫茫大海回到茫茫人海，从秦山岛回到大陆，岛已经远去了，可是，又何曾远去呢？我们每一个人，是的，每一个人，都是一个小小的孤岛。

精彩 赏析

文章以"到海里去"为标题，分五部分讲述了游览秦山岛的故事。第一部分交代了秦山岛的地理位置和名称由来，引经据典，丰富了文章的内涵，增强了文章的厚重感。第二部分写坐船出海，和懂海的船员们聊海，讲述了海洋科学知识。第三部分写对海洋的想象，体现了对庞大的事物的敬畏感和好奇心。第四部分写登岛游览，听文化名人徐福的民间传说。第五部分写返程航行，思索远航的意义。作者始终保持着从容平和的心态，在游览中获得了心灵感悟。

博格达的存在

🌸 心灵寄语

> 博格达在蒙古语里是"神山""圣山""灵山"的意思，博格达山脉是天山山脉东段的一条支脉，有天山明珠之称。

在某一方地域，如果一座山峰是最高的，那基本可以肯定：无论在哪里都可以看到它。比如在新疆昌吉，看到博格达。

向下俯瞰，视野中的色块渐渐变成了大块的水泥灰，山体褶皱出来的形状像某个天才的画家最漫不经心又最无可挑剔的作品，大大小小的干涸河道如同巨人衣衫的丝绸纹理……我知道，新疆到了。看着手表，数着时辰，默算着乌鲁木齐还有多远，恍惚间，居然睡着了。在微微颠簸中醒来，看见窗外雪峰矗立，我一激灵：博格达。

"洁白的雪山像一柄银剑插向湛蓝的天空""神圣的雪峰直刺苍穹"……这样的比喻很多，但是请原谅，见过雪山很多次，我从未有过类似的感觉。博格达也是。雪山就是雪山，博格达就是博格达，它就那样站在那里，我不知道该怎么形容它。

于是手执佳能7D，我拍照，一张张地拍。南航鲜红的木棉花标识在天蓝色的垂直尾翼上娇艳欲滴，和博格达一起被我收纳进椭圆形的舷窗轮廓里。一会儿，博格达似乎变远了，又一会儿，博格达似乎更近了，似乎飞机飞了那么久，都在围着它转，真有意思。

终于，博格达看不到了，飞机降落大地。等候出舱的时间，我朝外面闲看，在一片淡玫色的夕阳中，博格达赫然呈现。我揉揉眼睛，这是在机场啊，还能看到博格达？我再揉揉眼睛，眼睛有些疼了，方才确定：没错，这就是博格达。

我最后一个出舱，因为贪看博格达。我已经这么低了，低在了大地上，低到不能再低了，还能看到它。尤其是想到我飞得那么高的时候它自然是很高，可我落得那么低的时候它居然也并不显得高……如果不是有照片为证，我至今难以置信。

怀着惊奇入住酒店，房间在 16 楼。进入房间的第一件事就是跑到窗边，果然在窗口又看到了博格达。皓月高悬，钉在天空，博格达一望而知是在人间。密密麻麻的楼群背后，博格达就默默地站在那里，似乎只比楼顶高一点点，雪峰下面的山体已经被越来越深的暮色隐藏起来，博格达却更加鲜明。白色的雪峰因为染上了淡玫色的夕阳也变成了淡玫色，神奇而瑰丽，仿佛是一个奇迹。不，就是一个奇迹。

我看了很久。

晚饭后，我回到酒店，第一件事情依然是跑到窗前看博格达。这一次，我没有看见它。可我知道它在那里，一定在。那个夜晚，我是脸朝博格达的方向睡的——我很清楚这行为一点儿也不能缩短我和博格达的距离，一点儿也不能说明什么，很幼稚，很可笑，可我就是想这么做。这么做，我心里踏实。

早上七点，起床。时差关系，新疆的七点是内地的五点。来到窗前，东方的天空已有朝霞隐隐闪现，要日出。我看着博格达，它的轮廓已现，却是黯淡的。很快，太阳一点点露出了脸，很大，很圆，很干净。我从没有看见过那么大的太阳。而博格达在晨光中依然很黯淡，很坚决地、很隐忍地黯淡着。直到太阳升得很高的时候，博格达仍是很沉静的灰白色。

此后六天，我的行程都在昌吉。在每个地方驻留的时候，我都会朝向博格达的方向，去看看它，哪怕一刻也好。大多时候都能看见，偶尔也有看不见的时候。看不见也不失望，因为知道它总是在那里，必不会让我失望。看见的时候自然是好的，只是它每次呈现的方式都不一样。在天池，它被前面的山峰层层叠叠地挡着，只露出一点点，那一点点还很敦实、很憨厚，很好欺负的样子，看起来好像还没有前面的山峰高。在去江布拉克的路上，大片大片金黄色的向日葵田的田际，它又在层层叠叠的山峰后面露出了一角，寒光闪闪的，突然锐利起来。而当行至天山深处，就看不见它了。它消失得无影无踪，简直就是一个传说。等到穿越戈壁去看了硅化木、胡杨和五彩湾，在回去的路上，它又出现在道路的尽头。我们的车开啊开啊，它依然在道路的尽头。和我们同方向的所有车辆似乎都是在奔向它的怀抱，而和我们反方向的所有车辆似乎都是从它的怀抱里出发……

终于理解了为什么雪山往往被认为是神山——绝不仅仅是因为它的雪水、它的雪线、它的雪峰以及它所意味的绿洲、沃野、瓜果和生生不息的人间烟火，不，绝不仅仅是因为它所提供的这实惠的一切。对我而言，它确实是神性的存在。

博格达一定能明白：我的人生中，一直有那么一个人，一个博格达一样的人。他存在着，无论和他见面还是分开，缄默还是闲谈，他的高，他的矮，他的远，他的近，他的大，他的阔，他的繁复，他的简单，他的卑微，他的光彩，他的睿智，他的拙朴，他的慈悲，他的纯善……都一直让我心有所属，神有所安。对我而言，这个人的存在就是如同博格达一样的存在，他的存在让我明白：哪怕他什么都不为我做，只要他存在着，我就觉得自己有一个博格达一样的家园。这比什么都重要。

精彩 赏析

文章开篇提到博格达在新疆昌吉是最高的，无论在哪里基本上都可以看到它，接下来讲述了在哪里都看到博格达的经历。在天空中俯瞰博格达、在机场闲看博格达、在窗边眺望博格达、入睡时脸朝着博格达的方向、欣赏日出时博格达的光景、在昌吉的每个地方驻留的时候都看看博格达。博格达在作者眼中呈现出多姿多彩的形态，作者巧妙联系现实生活，化具体为抽象，化有形为无形，表达观点："对我而言，它确实是神性的存在。"博格达的存在让人心有所属、神有所安，博格达的存在塑造了一座无形的精神家园。

观音山七记

> 观音山国家森林公园景色秀丽，森林广袤，生态环境得天独厚，被誉为"南天灵秀胜境，森林康养福地"。

1

我抬头看那观音。

常听人夸谁谁谁美，便说"有观音相""长得像观音似的"。在乡间，只有美极了的男人和女人才会被请到庙会上扮观音。而20世纪初的上海，一个男人如此赞颂一个女人的相貌：正大仙容。这四个字让那个孤傲绝伦的女人喜不自胜，然后她便低下去，低下去，在尘埃里开出花来。

而我一直以为，这四个字用来形容观音才最恰如其分。

眼前的观音自然是美的。头戴宝冠，身披天衣，腰束罗裙，因是南国的观音，便比我寻常见的北国观音要略略清瘦一些。她端然立于莲台上，柔婉的线条因着花岗岩素白刚硬的材质而显得清朴温和，简约庄严。她那么高，却并不突兀，因此也不让人受到震慑。只是人站在她面前仰望她的时候，会不由得沉默起来，只是静静地看着她微笑着坐在那里，清丽妩媚，栩栩如生。

——不，不是如生，而是真的生起来了：我突然看见她在旋转。

她在旋转！

我以为是自己的错觉，连忙定了定神，再看。没错，她是在旋转。她的身体千真万确地在旋转。更奇异的是：她明明在旋转，面向我的角度却没有点滴变化。

——是她身后的云在动。

是这云动，让我心动。

果然，果然是错觉。

我久久地看着那观音，那仿佛是在旋转的观音。是错觉又有什么关系？错得美，便是对。

2

这个季节，是北国的严冬。郑州正在降雪，而在这南国的东莞，在这樟木头镇——我是多么喜欢这个散发着清香的名字——所属的观音山上，却阳光明媚如初夏。天蓝，云白，到处都是翠润的绿。

我们爬了两次观音山。第一次是前山，车把我们送到山底，然后我们一直朝上走，走到后来，无非是累。第二次是后山，车把我们送到山顶，我们一直朝下走，第二天起床，大腿和小腿就都疼了。

上山累，下山疼。不过是上山下山，其间的过程却仿佛人生。

3

后山很静。一路走来，我们居然没有碰到我们之外的一个人。整座山仿佛都是我们的。在一处休息的时候，汤养宗先走了，我随后跟着，一会儿便不见了他的踪迹，只听到他偶尔喊山的声音。

我放弃了追上他的努力，一个人悠悠而行。在这安寂的山中，流水淙淙，鸟鸣啾啾，无数种声音随着千枝万叶而来。这时，看什么也是在听什么，听什么也是在闻什么，闻什么也是在尝什么，尝什么也是在想什么，真好。真是自在。

观音还有一个名字，便是观自在。观音原名观世音，是梵文意译。玄奘取经回国，在翻译《心经》的时候，因避讳唐太宗的"世"字而称之为观音，后来干脆将观音称为"观自在"，意为智慧无比，圆通无碍。至于观世音这个原名，则另有一说。《楞严经》中记载，观世音是观音自己给自己取的名字，意为自己能观到声音。大乘佛教有"六根互用"之论，眼、耳、鼻、舌、身、意，被佛教称作"六根"，能"六根互用"者，必须得六根清净，在清净中，六根才能互相见色、闻声、辨香、别味、觉触、知法。也因此，观世音便能观到声音。

这里的"观"，非眼观之观，乃智观之观。

如此玄奥，让我哑然敬畏。不过，又想到方才自己在领受山中的一切时，似乎也沾染了观音的恩泽，让自己的六根互用了一小会儿，便也有些微欣欣然。

4

实在厌恶一些景区的道路：挺括、平展，过分干净的路面刺目而耀眼，像刚刚拆开包装的新衬衫，一望而知穿在身上是会硌皮肤的。

而这山里的路是我极喜欢的。没有栏杆，台阶很旧，满是落叶，微微有些脏，林中朽木密集的地方显出几分微微的神秘和恐怖。无数新鲜的叶子在长满绿苔的旧枝干上显露出葱茏的面容，如少女一般清嫩可喜。

如果说路是脚的衣衫，那么这路就是我最称心的旧睡衣。真希望这路永远是这个样子。都说路是要发展的，我希望这路永远永远也不要发展。

5

正惬意地走着，忽然，听到不远处有噗噗的声响，抬头看见一个老农正握着锄头在半山腰躬身劳作。看起来是如此之远，声音却是如此切近。

想起辽阔的豫北平原。大片的良田无边无垠。但是，如果不走近，就绝听不到锄头的噗噗声响。只因着山是空的，便可以让所有的声音轻松穿行。

是的，山是空的，也是满的。它因丰饶的空而成就了它纯净的满。它也因纯净的满而成就了它丰饶的空。

6

这是观音山中处处可见的竹子。我细细地看。这竹子也不同于北方的竹子。和北方的竹子相比，它竿纤细，叶如柳，格外娇小玲珑，色泽也不厚重。似乎有些不像竹子，但分明就是竹子。南北差异，在一草一木皆可见也。

陪我们上山的土著刘志勇先生告诉我们：这竹林里也有竹叶青。突然想：这里的竹叶青该是什么样呢？是否也身绿？是否也尾红？是否在腹部也有黄白条纹？

夜读《西游记》，看到第四十九回《三藏有灾沉水底，观音救难现鱼篮》，观音清早在紫竹林中做竹篮，吴承恩如此用墨："……懒散怕梳妆，容颜多绰约。散挽一窝丝，未曾戴璎珞。不挂素蓝袍，贴身小袄缚。漫腰束锦裙，赤了一双脚。披肩绣带无，精光两臂膊。玉手执钢刀，正把竹皮削。"

这个观音，家常又利落，健壮又妩媚，可赏又可亲，正是南北之美的混合呢。

忽然又想：如果观音在竹林里邂逅了一条竹叶青，又该如何？

不由莞尔。

7

多年以前，我曾经写过一篇短文，题目是《自己的观音》。写的是一个人遇事不顺，便去求拜观音。当他跪在观音面前时，发现有一个人也在拜观音。他仔细一看，那人和观音长得一模一样，丝毫不差。他便问："你是观音吗？"那人道："我是观音。"他又问："那你为何还拜自己？"观音道："我知道求人不如求己。"最后我引申道：只要人人遇事都去求己，那人人便都是自己的观音。

有点儿励志的意思，无非是劝诫世人要自立，要自强，要自信，要自悟，要自助，要自己靠自己。一派苦口婆心，仿佛自己是文字里的观音。

当时还觉得自己写得机趣，睿智，现在才觉出那份浅和单：如果人人都成了自己的观音，人人都成了自己的神，人人都不软弱，不疑惑，不迷惘，不绝望，那这个世界该多么……可怕。

还是要敬畏，要是要谦卑，还是要明了自己的无知和无能，还是要知道这个大世界中自己的微小和渺茫。先有了这些个前提，也许才能获得真正的高远、强大、明晰和张扬。

还是要拜观音。

当然，不是说莲台上的那座雕像。

精彩赏析

文章按照游记顺序描写了观音山的优美风景，同时表达了自己的随想感悟。先写观音相清朴温和，简约庄严，美得栩栩如生，感悟到"错得美，便是对"。然后写冬天的观音山阳光明媚、树林青翠，感悟到上山下山的过程仿佛人生。接下来写自在观山，感悟到"观非眼观之观，乃智观之观"。

山路的破旧更显自然灵动，山间的空旷与充盈相辅相成，山中的竹子纤细玲珑，处处都令作者心生喜悦。最后回归自身，抒发自己对人生的感慨：要敬畏、谦卑，才能获得真正的高远、强大、明晰和张扬。

_____

飞云江的云

🌸 **心灵寄语**

> 文明的发展离不开江河的滋养，瑞安先民沿江而居，繁衍生息，因此，飞云江被称为瑞安的母亲河。

早就发现了，某地若有重要的山川河流，那么几乎所有的民生便都是依偎着这山河繁育绵延的。依照山如父水如母的说法，山清水秀的地方便可谓是双亲两全。大山大河自是养大地方，比如天山对于新疆，喜马拉雅对于西藏，而到了不那么大的地方，也自有父母养小儿女，如瓯江之于温州，飞云江之于瑞安。

瑞安的山名字都很好听：福泉山、圣井山、金鸡山……而最好听的山名，我以为非集云山莫属，瑞安这个名字的由来也与它有关。瑞安原名安固，在902年改为瑞安。因这年某天——我想该是春天，春天和这故事很般配——在瑞安县城背靠的集云山集云阁上，飞来了几只白乌，此事层层上报给唐昭宗，被昭宗视为祥瑞之兆，御封安固改名为瑞安。

不知道是谁最先发现的那几只白乌，也不知道那人眼神如何，我倒猜度，也许那不是白乌，而不过是几朵白云，几朵会飞的白云，也因此，这条原本叫瑞安江的江，才在903年，改名为飞云江——飞云江的源头，确实也是云呢。据悉，1987年，温州和丽水两地组成河源考察小组，专程进行了权威考察，最后勘定河源在景宁畲族自治县景南乡东塘行政村白云尖，你听听，白云也就罢了，还是白云的尖，真是美妙死了呢。

第一次看到飞云江这名字的时候，其实我有些走神地想起了《金瓶梅》，这本被袁宏道誉为"伏枕略观，云霞满纸"的巨著里，有一朵云和王婆有关，在第六回，写王婆上街时遇到了雨："等了一歇，那雨脚慢了些，大步云飞来家。"王婆自然是此书中最不讨喜的人物之一，这一句却把她写得颇有诗意，十分生动。云飞一词让我反复徘徊，每每读到此处就会停顿下来，想象着那个场景。通常形容大步会用流星，流星自然是快。这大步云飞又是什么速度呢？如果是说快，云飞得有那么快吗？如果不是在说快，那又是在说什么呢？

云飞，飞云，我默念了好几遍，终于确认这江是叫飞云，而不是叫云飞。不过，若把飞云江叫作云飞江，怕是也很好吧？

车过大桥，往江面看去，只见江面浩浩汤汤。江南的水，真多啊。

"这江，有没有五百米宽？"我问本地的朋友。

他们沉吟着。

"或者，一千米？"

"两千米。"司机师傅开了腔。他整天在路上跑，这数字肯定是靠谱的。

"两千米！"我惊叹。

"原来时更宽。"他说。

江水黄黄的，很浑浊。浑浊就对了。汹涌奔腾的大江大河，怎么能不浑浊呢。

行程匆忙紧密，我们一天里要在江上往来好几个回合。每次飞云江进入视线，我都凝神看着，怎么也看不够。曾有算命先生说我命里水多，我也从小喜水，湄潭的湄江河，雅安的青衣江，凤凰的沱江，重庆的嘉陵江，长沙的湘江，更遑论岷江、珠江、赣江……行旅多年，无论到哪里，只要看见江河，我都觉得混沌一体地亲。后来想想，也许是因为生我养我的那个名叫杨庄的村子，在我童年时，尚有一条河清澈流淌的缘故。当然，更确切的原因则是，我成年后久居的城市郑州，旁边有那条苍茫黄河。

在瑞安，一路走来，感觉皆在飞云江边。在平阳坑镇的东源村，我们参观了中国木活字印刷馆，国字打头的馆居然在一个村里，让我颇为诧异，等到知晓这里的木活字印刷术是中国已知唯一保留下来且仍在使用的传统手工技艺，便觉得再相称不过。在二楼的一隅，突然飘来扑鼻墨香——还真的有活泼泼的现场演示呢。师傅的动作简洁、熟练、优美：给模板上油墨，红宣铺在模板上，棕刷来回刷几下，红宣上便出现了一幅图，有画有字，画是松鹤，是牡丹，是荷花，字是：万事如意，阖家安康，心想事成……各种吉祥话语，就是一代代中国人大同小异的理想生活，说到底，都是一个"瑞安"啊。

字是江河。纸也是江河。在芳庄乡东元村的六连碓，我们看到了造纸。曾经在贵州的印江看过一次古法造纸，原料是构树。那里是茅棚草舍，这里也是。那里是石桥清溪，这里也是。不同的是，这里的满山翠竹便是此处"屏纸"的原料了。构树造纸的过程有选料、浸泡、蒸煮、漂洗、碎料、春筋、打浆、舀纸、晒纸、收垛、分刀……数来竟有七十二道，这里的也是毫不逊色的繁复，居然能至上百道。

而这六连碓也不过是其中一道"捣刷"，也就是将腌制好的竹料捣成最细碎的竹绒。笃，笃，笃，这声音从空谷中传来，笃定极了。在清幽秀静的竹林深处，我抚摸着一棵棵高大笔直的竹子，抚摸着竹竿泛出的一层毛茸茸的云白。想来到了"捞纸"那道工序的时候，匠人们用纸帘在竹绒池中轻轻一托，也一定会托出一片云吧？

"湛湛长江去，冥冥细雨来。"这句杜甫的诗，只需把长江改为飞云江，描摹的便是我们在高明故里飞云镇的情状。承地方朋友的厚谊，我们得以欣赏到一小段《琵琶记》。《琵琶记》全本有四十二出，演起来也是一江春水向东流，我们这些过客，能掬一瓢饮便也很知足了。那个下午，我们在门厅这边坐着，隔着庭院里一层层的雨帘子，演员们在对面敞厅那里唱着，唱的什么，我完全听不懂，看却是能看懂的。他们的一颦一笑，一忧一喜，都是那么清清亮亮，由耳至心。

说到《琵琶记》，不禁让我脸红。——原谅我的无知，我一直以为百戏之祖是昆曲，到了此地才知百戏之祖原是南戏。昆曲源于昆山腔，只是南戏四大声腔之一，其他三大声腔是弋阳腔、海盐腔和余姚腔。南戏的源头再往上溯，就到了宋。清明上河，东京梦华，市民文化兴盛，声色娱乐发达，茶，瓷，玉，酒，词，艺……无法剥离地黏合在一起，相生相长，金戈铁马也不能使之消遁，于是，宋室南渡之后，本属于民间歌舞小戏的南戏进入了流迁至此的贵族士绅的视野，从而汲取了丰沛的养料，终于茁壮成长为百戏之祖。

戏，是又一条江河。

瑞安城里，一条小河旁，一株巨大的榕树在河岸那边遮出一个小广场。一方小舞台搭得有模有样。人们正在唱越剧。演出的是"瑞安市湖滨越剧演唱团"，一位身材窈窕的大妈着绿衫白裤，字正腔圆地报幕。——请继续原谅我的无知，我一直以为越剧和昆曲有血缘关系，到了此地才知道，昆曲已有六百多年历史，越剧是起源于"落地唱书"，1925 年才首次被《申报》称为"越剧"，如此说来，尚不足百岁华诞。虽然一个是老树，一个是新花，有一点却是相同的：都得"落地"，都源于并终将属于这和光同尘的民间。

"响遏行云"，突然，我脑子里跃出了这个形容嘹亮声音的词，一瞬间，仿佛听到了历史深处的无数声腔，都是这么响遏行云。他们的音力甚至能够阻拦，不，是挽留住天上的云朵，于是这些云朵就停了下来，幻化成了集云山神秘的白乌，白云尖清澈的溪流，东元村轻薄的纸浆。当然，它们更成了飞云江本身。而这飞云江，恰如李太白的诗句："山随平野尽，江入大荒流。"其实，岂止是大荒流呢？这飞云江啊，它直抵东海。

精彩赏析

文章开篇用"山如父水如母"的说法点明飞云江养育了瑞安，而飞云江的云与瑞安文化有着密不可分的联系。瑞安得名于集云山上飞来的有祥瑞之兆的白乌，白乌或许是祥云，瑞安江也因此更名为飞云江，这一历史渊源充满了浪漫的色彩。瑞安处处渗透着江河的气息："字是江河。纸也是江河。""戏，是又一条江河。"传统文化在这片淳朴的土地上代代传承、生生不息，不断焕发出耀眼的光芒。"历史深处的无数声腔，都是这么响遏行云。"结尾虚实相生、情景交融，言有尽而意无穷。

我是一片瓦

🌸 心灵寄语

　　瓦凝聚着中国传统文化的工艺匠心，青灰瓦古朴典雅，琉璃瓦庄严肃穆，展现出令人沉醉的东方韵味。

1

　　瓦。第一次让这个字成为一篇文章的第一个字，一种沉稳的、湿润的感觉从心底氤氲生起。同时又一次骄傲于汉字的神奇——这个瓦，本身不就是一只神形毕肖的瓦吗？

　　字典里，瓦的解释很简单：铺屋顶用的建筑材料，一般用泥土烧成。相关词组有：瓦当、瓦工、瓦灰、瓦匠、瓦楞、瓦砾……

　　久违了，瓦。

2

　　2009 年 7 月 28 日夜，我和几个朋友相约于郑州东区的"瓦库 5 号"。坐在露天的最顶层，清风在身，明月在上，红酒在口，香茶在壶，眼里是朋友的笑意，耳里是隐隐的乐声——我不禁惊异，居然有这样一个地方，有别于我素日以为的郑州。

客人不多，有的清谈，有的下棋，有的打麻将，还有的，只是静静地坐着。

最多的，就是瓦。青瓦、红瓦、灰瓦、大瓦、小瓦，一幅一幅的瓦窗，整面整面的瓦墙，我们位于的顶层，则有成片成片的瓦顶……不期然间，在任何一个角落里，你都会看到瓦的身影。它静静地待在那里，温和地沉默着。

还有专门用来签名和题字的瓦，内容各种各样：上房揭瓦；美丽的瓦；来看瓦吧……

忽然想，如果让我写，我写的也许是：我是一只瓦。

3

五间青砖灰瓦的房子，曾经是我们家最重要的不动产，它如一件巨大的粗布衣衫，给我们全家以最简陋的也最坚实的温暖包裹。生活在瓦下，但平时感觉不到瓦的存在。只有下雨的时候，我在屋檐下玩耍，伸出双手，任落雨在掌心汇聚如歌，偶尔会听到母亲叹息：该揭瓦了。我便知道：房顶某个地方漏雨了。于是，天晴以后，父亲便会找来泥水匠上房，揭开某个部分的瓦，在瓦下搪上一些泥巴，再把那些瓦盖上去。雨再来的时候，便对我们的房子没有任何破绽可寻。

渐渐长大，到了调皮的年龄，有一次，曾悄悄顺着院墙爬到房顶，去采摘一棵已经长成的胖胖瓦松，被母亲发现后自然是一顿狠狠地呵斥："小女孩家家的，怎么那么野呢？！"

但是感觉真的很好——那是我第一次登上了乡村的高处。

4

后来，有意无意地，我开始看房顶，也就是看瓦。

阳光落在瓦上，被一节节隔断，似乎也有了瓦的节律。也许只能用瓦本身来形容这种节律的奇妙：一瓦一瓦。瓦上的雨，顺着瓦垄流下，如细微的河流，湍急率性。瓦上的霜，如一袭轻俏的纱衣，美固然是美，但天一晴就被太阳收去了，宛如稍纵即逝的梦。雪的时间则要长得多。因落得高，没有脚能踩得到，因此她以奢侈的晶莹堆积在那里，久久不化。即使化，也是先朝阳后背阴，一点点地化，化，化呀化，如一幅被谁神秘篡改的图。而瓦楞上的冰凌则是最诱人的。长长短短，粗粗细细，宽宽窄窄，透透亮亮……从它下面走过，我会很顺手地掰下一块噙在嘴里。这也就是我冬天的下午茶了——有天空的味道呢。

瓦上还有什么呢？梧桐的落叶，晒晾的干菜，对了，还有鸟。鸽子、麻雀、喜鹊、燕子……以及那些我不知道名字的鸟儿。瓦上是它们的广场。它们散步，休息，谈恋爱，窃窃私语。偶尔，它们的目光也会与我遥遥相对，相顾无语。

瓦上有多少美好的事物啊。

我在瓦下，生活了多年。后来，到了城市。

5

乡村是一方巨大的瓦库。我是一片出库的瓦。

城市的喧嚣和繁华，从不曾让我忘记自己的来处。

我知道，这个城市里还有许多如我这样的瓦。

我是一片瓦。

你呢？

精彩 赏析

　　作者善于从细节入手，以审美的眼光观察事物，探究瓦的美学特征和精神内涵，抒发独特的人生感悟。作者运用拟人、比喻等多种修辞手法来描写瓦，"在任何一个角落里，你都会看到瓦的身影。它静静地待在那里，温和地沉默着。"表现了瓦的沉静内敛。"它如一件巨大的粗布衣衫，给我们全家以最简陋的也最坚实的温暖包裹。"表现了瓦的朴素坚实。作者赞美了这种荣辱不惊、温和坚定的瓦片精神，"我是一片瓦"是作者的感悟，也是对读者的启发。

▶预测演练三

1. 阅读《天蒙山的虚和实》，回答下列问题。（12分）

（1）下列对作品相关内容和艺术特色的分析与鉴赏，不正确的一项是（　　）（2分）

A. 作者开始不觉自己是民歌里的那个"人人"，是因其之前未听到韦友芹那样毫无雕琢的原唱，心有隔阂。

B. 作者在第三段运用比喻的修辞手法，形象地写出了微雨中山石轮廓所呈现出来的美态——朦胧且富韵致。

C. 作者认为创建"齐鲁地"景点有本地民间文学作为基础就足够了，没必要如考古般对虚情实况进行论证。

D. 作者在开头和结尾引用富有地方特色的民歌《沂蒙山小调》，既增强了文章的感染力，又突出了文章主题。

（2）请简要分析文中句子的含义。（4分）

看到的越多，就觉得看到的越少；看到的越少，也觉得能看到的越多。

_____

_____

_____

（3）天蒙山的"虚和实"具体表现在哪些方面？请结合全文简要回答。（6分）

_____

_____

_____

2. 阅读《我是一片瓦》，回答下列问题。（15分）

（1）文章以"我是一片瓦"为题有什么好处？（3分）

_____

_____

（2）通读全文，你认为文章的第四段有什么作用？（2分）

_____

_____

_____

（3）文章第六到十二段回忆了"我"在瓦下的生活，从三个方面揭示了"我"和瓦之间的密切关系，请用简洁的语言加以概括。（3分）

_____

_____

_____

（4）这篇文章语言很有特色，请对下面两个句子加以赏析。（4分）

①五间青砖灰瓦的房子，曾经是我们家最重要的不动产，它如一件巨大的粗布衣衫，给我们全家以最简陋的也是最坚实的温暖包裹。（2分）

_____

_____

②而瓦楞上的冰凌则是最诱人的。长长短短，粗粗细细，宽宽窄窄，透透亮亮……（2分）

_____

_____

（5）一篇好文章总是会给人多方面的启发，你能从结构、立意、语言、写法几个方面中选择一点，说说读过这篇文章的收获吗？（3分）

_____

_____

_____

3. 写作训练。（60分）

　　亲爱的同学，也许你曾利用假期外出旅游，见识过那千姿百态的自然世界；也许你会回想起儿时的经历，重温那刻骨铭心的家乡风景；也许你还留恋着母校（初中或小学）的生活，惦记着那怡情养性的花鸟虫鱼……那么，请你选择一个地方，写一写那里的景物，借此抒发属于你的那一份独特情感。

阅读《天蒙山的虚和实》，写一篇侧重于写景的记叙文，自拟标题，不得少于800字。

 **参考答案**

★ 试卷作家真题回顾 ★

【秋　香】

1. xùn　bǎo　qì　cuǐ（2分）

2. 苏醒，这里是形容春天的景物刚刚复苏，仿佛从梦中醒来。

示例：他在重症监护室待了五天，在人们的期待中，终于从昏迷中苏醒过来。（3分）

3. 秋香在路边的水果摊子上，在各种菜蔬上，在人们的闲话里，在秋天树叶的颜色里。（2分）

4. 拟人修辞，生动形象地写出了慢性子的槐花在秋天饱满的阳光下不慌不忙绽放的美好画面，表达了作者对秋天的喜爱之情。（4分）

5. 对比，写出秋香的美好；设置悬念，激发读者的阅读兴趣；为下文写秋香做好铺垫；引出下文。（4分）

【鲜花课】

1. C（2分）

2. 点明标题，指出"鲜花"的来由；引出下文，为下文"我"笑看男子如何处理，男子分享鲜花，"我"由此上了一堂"鲜花课"的情节做铺垫。（3分）

3.第一处，"我"认为鲜花带给旅途的是狼狈，是"我"怀着看笑话的心理看男子处置鲜花的心理铺垫。第二处，"我"一直认为鲜花虽然美好，却是虚妄的。这与男子分享鲜花，分享美好，从而让美好绽放到最后一刻的感悟形成对比，突出"鲜花课"给"我"的教育：很多美好的事物正如鲜花，即使稍纵即逝、结局颓然，也要绽放到最后一刻。人生亦是如此，无论长短、无论结局如何，都要努力的活，活得精彩，活得有价值。（3分）

4.示例一：本文主要讲述了一个男人在高铁候车席送给陌生人鲜花的故事，让我感受到了他分享的诚意和赠送的热情。男子为我上了生动的一课，让我领悟到即使人生是黯淡和虚妄的，也应该有勇气、有智慧的好好活着，表达了我对男子的赞许之情。文章以"鲜花课"为题目，设置悬念，激发了读者的阅读兴趣。

示例二：本文主要讲述了"我"在高铁候车席看到一个男子把手中的鲜花送给陌生人，而男子的这一行为为"我"上了人生中难忘的一课，使我领悟到人生需要分享的勇气和生活的智慧（或：使我领悟到人生要用勇气和智慧活出精彩），表达了我对男子的赞许、敬佩之情。文章以"鲜花课"为题目，将"鲜花"作为线索，贯穿全文。（4分）

【成长是一件怎样的事】

1.C（3分）

2.D（3分）

3.让知晓学习的人永远在成长，永远保持年轻的心态。（3分）

★ 试卷作家美文赏练 ★

【预测演练一】

1.（1）写出了槐树叶的娇嫩可爱，人与槐树和谐的氛围，增添了童年的乐趣；为下文怀想奶奶、悲欣观槐园作铺垫。（3分）

（2）①奶奶常唱的歌谣对"我"的影响是极其深刻的，渗透到心灵的深处。（2分）

②为赏到名槐，回忆起童年的美好生活而感到喜悦；为怀思逝去的奶奶、寻找精神之根而感到悲伤。（2分）

（3）内容上：前三则民谣，说明槐树具有文化内涵，寄托了人们对富足、平安、幸福生活的向往之情；最后一则，充满了奶奶对子孙健康成长，顺利成才的美好祝愿。表达上：使文章更凝练，富有韵味。（3分）

（4）最重要的东西，是对美好生活的向往和追求，对纯真而浓郁亲情的眷恋和歌赞。作者写游沈丘槐园，回忆起童年生活和洞庭大槐，表明槐树早成了生活的一部分，即使大槐树不在了，但美好的回忆还在，对精神家园的追求之心还在。（4分）

2.（1）示例一："悠然""从容"，黄河有着母亲般的温和，从容不迫的性格特点。示例二："自然之妇""家常"，黄河有着母亲般的朴实，默默无闻。（3分）

（2）在作者眼中，黄土如"杜甫的诗歌"般刚硬，又如"母亲的子宫"般柔软，黄河有着刚柔并济的品质。作者认为自己"像两岸的黄土一样"，继承了黄河的基因，与黄河血脉相连，血肉相通。黄河于自己，于中华儿女而言就是精神家园。这句话表达了作者对黄河的感激和敬意。（4分）

（3）作者在桃花峪看黄河，深刻认识到黄河是"中国的灵魂"，是"我们所有人的灵魂"，而这一认识是作者在花园口、吴堡、巩义等地看黄河的过程中逐步形成的。因此，写其他几处看黄河的经历，是为了让"灵魂"的内涵更加具体、丰富，也使文章结尾表达的家国情怀水到渠成。（4分）

3.略

【预测演练二】

1.（1）A（2分）

（2）①文学可以给年轻人带来单纯的快乐情趣；②文学可以为以文学创作为职业的人提供实用的维持生计的方法；③文学包容真诚，为所有人提供心灵休憩的场所；④文学不同于物质生活的快节奏，慢慢向上生长和慢慢向下扎根，让人们饱满和从容、丰饶和深沉、柔韧和慈悲。（3分）

（3）①以寓言故事开头，将两者的关系形象化，不仅吸引读者阅读兴趣，还易于被读者接受；②巧用比喻修辞，将文学分别比作"树""祖母的怀抱""在青年后面慢慢行走着的人"，都非常自然巧妙地呈现了文学与生活的关系，让人感动并有所领悟；③将生活的"快"与文学的"慢"进行比较，让读者更直接地感受到两者之间的现实关系。（4分）

2.（1）"我"到地里发现麦子没打干净，母亲告诉"我"还要遛一遍场；"我"陪母亲聊天，聊关于母亲退休的事；"我"问母亲冰棍裹棉被的原因，母亲呛"我"；"我"想帮着干活，母亲拦着"我"。（2分）

（2）①"羞涩"指难为情，态度不自然，这是对母亲的神态描写，表现了母亲不舍得退休，写出了她对工作的留恋。（2分）

②"总是"表示一直如此，经常如此，句中反复使用，表现了母亲对"我"深深的爱和"我"的甜蜜烦恼。（2分）

（3）示例："它们的颜色翠玉一样闪闪发光，这翠玉有浅翠，有深翠，有墨翠，交杂辉映，油画一般，当真是绚丽极了。"渲染了轻松的气氛，烘托了人物喜悦的心情；推动故事情节发展，为下文揭示一切是梦境做铺垫。（2分）

（4）①教学经验丰富：母亲有四十年的教学生涯；②教学水平高：母亲教的班级每次在全乡统考都是第一名；③爱护孩子：母亲不舍得让"我"花钱、让"我"干活。（2分）

3.略

【预测演练三】

1.（1）A（2分）

（2）这是作者对天蒙山美景的赞叹，隔着玻璃看，这些真景实境就在眼前，虚空感引发的想象更多。越让人想象，越觉得景象之美难以形容，天蒙山景有虚有实，让人捉摸不透，让人品味不尽。（4分）

（3）①"实"指天蒙山上的自然景物。"虚"指天蒙山中的人文要素。②"实"还可以理解为天蒙山历史文化中真实存在的事实，"虚"是人们为了发展天蒙山旅游而附会虚构的传言。③"虚""实"两个词概括了全文的内容，并点出了作者对天蒙山借助文化促进旅游的做法的肯定。（6分）

2.（1）①吸引读者；②形象地点明了文章的主旨，表达了作者的人生追求，寄托了作者思念家乡的感情；③是全文行文线索。（3分）

（2）①写出了瓦温和沉默的特点，是下文由瓦到像瓦一样的人的联想的基础；②交代了写作此文的由头，为下文作铺垫。（2分）

（3）①瓦为我家遮风挡雨；②我爬上房顶，站在瓦上第一次登上了乡村的高处，感觉很好；③瓦让我欣赏到了生活中许多美好的事物。（3分）

（4）①运用比喻，生动形象地写出了青砖灰瓦房子的特点，简陋、温暖、坚实。（2分）

②运用叠词既写出了瓦楞上的冰凌是最诱人的，也使语言更富节奏感，读来朗朗上口。（2分）

（5）示例：本文的立意特别隽永悠长，古人语"羁鸟恋旧林，池鱼思故渊"，作者身在繁华的城市，看到伴随自己成长的"瓦"，睹物思情，对故乡深深的眷恋与怀念油然而生。这种"树长千尺不忘根"的情怀值得每个中华儿女崇尚。（3分）

3.略

— 试卷上的作家 —

初中生美文读本

序 号	作 者	作 品
1	安 宁	一只蚂蚁爬过春天
2	安武林	安徒生的孤独
3	曹 旭	有温度的生活
4	林 夕	从身边最近的地方寻找快乐
5	简 默	指尖花田
6	乔 叶	鲜花课
7	吴 然	白水台看云
8	叶倾城	用三十年等我自己长大
9	张国龙	一里路需要走多久
10	张丽钧	心壤之上，万亩花开

高中生美文读本

序 号	作 者	作 品
1	韩小蕙	目标始终如一
2	林 彦	星星还在北方
3	刘庆邦	端 灯
4	刘心武	起点之美
5	梅 洁	楼兰的忧郁
6	裘山山	相亲相爱的水
7	王兆胜	阳光心房
8	辛 茜	鸟儿细语
9	杨海蒂	杂花生树
10	尹传红	由雪引发的科学实验
11	朱 鸿	高考作文的命题与散文写作